菩提樹の香り

パリ日本館の15カ月

永見文雄
Nagami Fumio

中央大学出版部

はしがき　――パリ国際大学都市と日本館――

パリ国際大学都市の中にある日本館の館長として私が赴任したのは二〇〇六年三月末のことであった。任期は二年、二〇〇八年三月末に帰国した。本書に収めたのは着任して八カ月後の二〇〇七年一月から書き始めて帰国まで続けた一五カ月間の日記である。ただし書きためたすべてを収載したわけではない。四百字で七二〇枚にも及ぶ日記本文は単行本にするためには長過ぎたため、館長としての仕事を中心に選別した結果、全体の半分ほどを割愛した。

赴任して最初の八カ月は慣れない仕事に忙殺され、正直のところとても日記などつける余裕がなかった。本務校の中大文学部で面識を得た国語学の山口明穂先生が着任早々、野村胡堂の『銭形平次捕物控』をパリまで贈ってくださった。これを毎晩寝る前にベッドの中で読んで、一日の疲れを癒した。胡堂を読み終わると、今度は岡本綺堂の『半七捕物帖』になった。日本館の日々の出来事を忘れさせてくれる何かが私には必要だった。それは本でなければコンサートであり、オペラであり、映画であった。大学都市の緑溢れる敷地やお隣のモンスーリ公園で目にする美しい四季の移ろいも、それなくしてはこの初めての目まぐるしい職務に到底耐えられなくなりそうな、私にとってはとても大切な何かであった。

パリの国際大学都市について最初にこの場で説明しておく必要があると思う。パリの南端に位置するこの国際大学都市は第一次大戦で疲弊したヨーロッパの惨状を前にフランスの文部大臣アンドレ・オノラが提唱し一九二六年に設立された、国際親善を目的とする学生・研究者のための宿泊施設である。パリ市の南端の、と言ってもパリは東京に比べれば遥かに狭いから中心部のセーヌ河あたりからバスかメトロで一五分か二〇分もあれば行けるのだが、その公園のような広大な緑地帯に現在三〇を超える寄宿寮（メゾン）が建っている。この伸びやかな空間にはレストラン、劇場、スポーツ施設、郵便局などもある。アンドレ・オノラの呼びかけに多くの国が応えたが、当時パリに遊学していた大富豪の薩摩治郎八氏が私財を投じて一九二九年に開設されたのが日本館である。大学都市六番目の「メゾン」であり、二〇〇九年はその創立八〇周年に当たる。

パリ国際大学都市の寄宿寮は、パリ大学が経営する建物と（直轄館と称する）、各国政府が経営するナショナルな建物（非直轄館と呼ばれる）の二種類に大別される。日本館の場合、日本政府が補助金を出すようになるのは一九三三年からであるが、一九四〇年にはドイツ軍に占領され、その後大学都市全体が米軍によって病院にされてしまった。戦後一九四九年になって日本館は再開されたが、しばらくは直轄館であった。一九六四年にフランス政府からの補助金がなくなり、日本政府が経営する非直轄館となって今日に至っている。全部で六七室と大学都市の中では比較的小規模な日本館には、地階部分に管理人夫婦のアパルトマン・学生談話室・音楽練習室など、一階部分に館長用のアパルトマン・大サロン・図書室があり、二階から上が学生・研究者用個室となっている。各階にはトイレ・シャワー・共同炊事場などがある。大学都市には各館の正規居住者のうち自国の者が七割を超えてはならないという規則があるので、日本館の場合も、日本人居住者は四〇名ほど（ほとんどが日本の大学の大学院生）で、残りの二五名ほどは交換で入ってきた非日本人学生である。私が館長のときは、ベルギー館、ブラジル館、デンマーク館、スペイン館、アメリカ館、ドイツ館、ギリシア館、インド館、イタリア館、レバノン館、メキシコ館、ノルウェー館、ポルトガル館、スウェーデン館、スイス館などと学生を交換していた。各館が一名ないし二名を日本館に送ってきたことになる。

大学都市の公式資料（*RAPPORT ANNUEL 2007*）によれば、二〇〇七年現在、パリ国際大学都市には一三一カ国五三一四名の居住者（レジダン）がおり、うち日本人は一一九名となっている。要するに、世界中の五千名を超える学生や研究者が集まって、三〇を超える寄宿寮に分散収容されていると思えばよい。この五千名を超える学生たちはパリ及びその近郊の大学や高等研究機関に登録して研究をしている人たちで、彼らが起居を共にするひとつの小さな町が大学都市の名で呼ばれているのである。五三一四名のうちフランス人居住者は一二一〇名（二二・七七パーセント）、非フランス人居住者は四一〇四名（七七・二三パーセント）である。また、学生四八八三名（九一・八九パーセント）に対して、研究者は四三一名（八・一一パーセント）である。大陸別に見ると、フランスは二二・七七パーセント、フランス以外のヨーロッパは二九・一三パーセント、アフリカ一四・六四パーセント、アメリカ一五・二九パーセント、アジア一七・八五パーセント、オセアニア〇・三二パーセントである。やはりヨーロッパが過半数を占めるが、それでも五大陸にまたがっているから、国際都市の名に恥じない。東アジア勢では最近中国人や韓国人留学生数の増加が著しい。しかし、中近東を除くアジアの国で非直轄館を運営しているのはインドと日本だけである。薩摩治郎八氏の先見の明はどんなに高く評価してもし過ぎではない。研究者の養成を通じて世界中の国々の人と友人となれるような日本人を育てることができるのだとしたら、パリ国際大学都市の日本館は国際親善施設としての日本国民共有の貴重な財産だということができる。なるほど、大学都市の土地と建物はすべて法的にはパリ大学の、ということはすなわちフランス共和国の所有物であるが、現在の日本館は幸いにして日本国がその管理と運営の権利を保持する非直轄館であるから、そうである限り日本国民の財産と呼んでも的外れではないであろう。学生・研究者のためのこのような学寮がパリにあることは日本人としてもっと誇りにしてよいことだと私は考える。

日本館には上述したように、常時だいたい六五名の正規居住者がいるが、七月から九月の夏季の三カ月に限っては、大学都市の原則に従って日本館でももっぱら一時滞在者（パサジェ）を受け入れる。館長はどの館でも館内に居住する規則になっており、日本館の場合も一階に館長用アパルトマンがあることは前に述べた。専任の従業員は会計担当の秘書（館長補佐）と住み込みの管理人夫妻（最近やめたと聞いた）、それに二名の掃除人と一名の図書館司書の合計六名である。従業員が休暇を取るときは（フランスは年に最低五週間の有給休暇が認められており、この点は日本館も例外ではないので）、臨時に掃除人や受付要員を雇い入れる。常勤の従業員がいるとは言っても、秘書は月・火・木・金の週に四日の勤務で午後四時まで、そのほかの従業員も住み込みも含めて金曜夕方までの勤めなので、週末は館長夫婦だけである。ところが日本館でコンサートや講演会など催し物をやるのは金曜または週末の夜がほとんどである。したがって、そういうときに従業員の手助けを期待することはまったくできない。おまけに図書館司書の日本人以外の従業員は日本語を全然解しないため、日本からのメールの処理など、日本館長の仕事は殺人的である。私が館長としてパリに滞在した二年間のうち、日本館を離れたのはかろうじて二二日間だけであった。仕事が殺人的というのは、日本館の管理業務だけが日本館長の仕事というわけではないからである。日本館主催の文化行事の企画と実施も重要な仕事だ。これだけでもたいへんなのに、日本館も含めたパリ国際大学都市全体の仕事もある。さらに、大学都市外の仕事として、在パリの日本関係の三つの大使館（日本の大使は在仏日本大使館の特命全権大使のほかに、ユネスコ大使やOECD大使もおり、それぞれ大使公邸を構えている）関連の行事や在仏日本人会、パリ日本文化会館、パリ日本人学校に関わる仕事などもたくさんある。

日本館の予算は居住者の家賃と日本政府（具体的には、外務省広報文化交流部）からの補助金が大半である。政府補助金は経常費の約二〇パーセントに過ぎない。残りのほとんどは家賃収入をもって充てている。数年前の外務省の不祥事の影響で、私の前任者で友人の牛場暁夫氏が赴任した二〇〇四年度から日本館への補助金も一五パーセントカットとなり、以来財政状況が極めて厳しくなっている。設立以来二度の大改修を行ったが、前回の改修からすでに一五年近くが経過し、補修費用もかさんでいる。日本政府は経常費の補助金のほかに、館長手当と、そして館長交代時の赴任・帰任費用を負担しているが、経常費の政府補助金増が喫緊の課題である。居住者の家賃負担は限界に来ており、節約もこれ以上は見込めないところまできているからである。

日本館長は外務省内の館長候補者選考委員会で推薦され、パリの日本大使を長とする日本館管理理事会で決定され、パリ大学区評議会において承認を受けることになっている。その任期は原則として二年と決まっている。ほかの館の館長は一期三年で二期六年務めるのが一般的である。お隣のイタリア館の館長などはもう一五年になると言っていた。なぜ日本館の場合二年ごとに交代するのであろうか。私は二七代目の館長であったが、日本館長はこれまでそのほとんどが大学教員である。そして、大学教員の籍を残したまま、館長として赴任し、任期が終わるとまた大学に戻る仕組みとなっている。つまり、館長としての任期中も給与は大学が負担しているのであり、外務省は月々の館長手当(公務員の在外手当に準じる額)と赴任・帰任費用を負担するに過ぎない。ところで、授業をしない教員に五年も一〇年も給与を支給するほど寛大な大学があるだろうか。たいていの大学では、日本館長に就任する教員を長期出張扱いなどにして籍を確保して給料を出しているのであって、その場合、大学の立場に立ってみれば、二年、長くて三年程度の出張期間を認めるのがせいぜいであろう。とはいえ、館長が二年ごとに交代するのはいろいろな意味で不経済である。外務省が負担する引っ越し費用が馬鹿にならないということのほかに、二年経ってちょうど仕事に慣れてきた頃に交代するわけであるから、館長経験の蓄積という観点からも不経済である。こうした悪弊を正すには、赴任期間中は大学から外務省に出向して給与も外務省が負担する、などの方法が考えられるが、それで五〜六年経ってまたもとの大学へ戻れるのかどうか、戻れる保証があれば館長候補者もいるであろうが、どうなるかわからないのでは、教員で館長になってもよいという人が出てくるかどうか、おぼつかない。しかし、一般論として言えば大学教員が日本館長に最適任であるのは間違いない。館長経験者の多くの方も同意見だと私は確信している。このことは以下の日記をお読みいただければ十分理解していただけることと思う。

こんなわけで、私のこの日記には、日本館内のさまざまな出来事、コンサートや講演会や研究発表会や行事などの催しや、ときにはトラブル、居住者の学生さんたちとの交流などのほかに、大学都市での館長会議をはじめとする他館館長たちとの交流、さらには大学都市の外での活動、わけても大使館関係の催しやパーティー、パリ日本文化会館での催しなどが歳月の流れの中で脈絡なく語られている。これらはいわば館長の公的な仕事に関わる事柄と言ってよい。それからまた次に、フランス社会への個人的な関心も折に触れて述べられている。私の赴任直前の二〇〇五年秋には郊外暴動があり、赴任直後の二〇〇六年春には初期雇用契約CPEを巡る学生騒動、赴任一年後の二〇〇七年春には大統領選挙、夏から秋にかけては大学の自律法案（ペクレス法）と学生の反対運動があったため、今回の滞在ではフランス社会を観察する機会に大いに恵まれた。そうした痕跡もこの日記にはうかがわれる。そして最後に、私の純粋に個人的な時間――公園の散歩、四季の味わい、マルシェの買い物と料理、読書と書評、映画、オペラ、演劇、美術館巡り、旅行、友人たちとの交友など――にも多くのページが割かれている。重い脚を引きずりながら疲れた心を抱いてそぞろ歩くことが私にもなかったわけではない。そんなとき、不意に頭上から降ってくる菩提樹の花のかぐわしい香り――こうしたささやかな僥倖なしには、パリ日本館の館長というなんとも慌ただしい仕事を果たすことはできなかったに違いない。今になってこの日記を振り返るとき、公的私的を織り交ぜて、こうした多岐にわたる内容が日記という書きものの性質上やむを得ぬことではあるが日々の流れに沿っていわば順不同に立ち現れるので、読者にはまことに煩雑で目まぐるしい思いをされるかもしれない。巻末に二つの索引――主にフランス語に由来するカタカナ語の索引と日記の内容を分類した事項索引――をつけて、多少とも読む手助けになるようにと工夫した次第である。

日本館についてはこれまで私の知る限り三人の先輩館長が著作を公にされているので書き留めて読者の参考に供したい。小林善彦先生の『パリ日本館だより　フランス人とつきあう法』（中公新書五四〇、一九七九年）、故新倉俊一氏の『ジュルダン大通り七番地　パリ日本館の窓から』（三修社、一九八六年）、鈴木康司先生の『パリ日本館からボンジュール』（三修社、一九八七年）である。日本館の創設者でわれらの偉大な恩人である薩摩治郎八氏については、最近評伝が出た。村上紀史郎氏による『「バロン・サツマ」と呼ばれた男—薩摩治郎八とその時代』（藤原書店、二〇〇九年）である。もうひとつ、元館長の小林茂氏の『薩摩治郎八』も近刊と聞いている（ミネルヴァ書房、二〇一〇年一〇月刊行予定）。日本館が大作二点を所蔵する画家藤田嗣治については、林洋子氏の労作『藤田嗣治　作品を開く　旅・手仕事・日本』（名古屋大学出版会、二〇〇八年）を挙げておく。最後に、日本館には前任の牛場暁夫館長の努力で公式ホームページが作られた（http://maisondujapon.cool.ne.jp/）。パリ国際大学都市の歴史、日本館の入居方法、催し物の案内など有益な情報が、多数の写真とともに載っているので興味のある読者は参照いただければ幸甚である。

さて、ここまで書いてきて最後にやはり思うのであるが、以下の日記の背後に常に確かに存在し、日々の由無し事の合間に時折その素顔をのぞかせるのは、日本館館長の眼を通して映し出されるところの、とりわけ異国で学問研究に精進する若者たちの群像とその生活である。ときには思わぬトラブルの場となることもあるとは言え、日本館とは、何よりもまず彼らのための母なる家であり、彼らの異国生活の本拠地なのである。読者がこのささやかな日記を通して、わが二年間を共にしたこれら青年たちの労苦に思いを致しこれに共感されるなら、私としてこれにまさる喜びはない。

著　者

目次

装画・挿画　橋浦道子

二〇〇七年

一月

パリの新年

……一月三日 水

晴れのち曇り。

朝、モンスーリ公園内の東側を南北に抜ける道を歩いてグラシエール街のマルシェ（青空朝市）をのぞく。正月だけあって、さすがに店を出しているのは日頃の四分の一程度。鋼鉄の骨組みが組んであるが、その多くが空っぽで寂しい。

街頭の並木はどれも葉を落として黒々としている。六月に黄色の小さな花からあんなにかぐわしい香りを放っていた菩提樹も、見る影もなくやせ衰えて、骸骨のような風姿をさらしている。紫の美しい大きな花をつけていた桐の木も、硬い黒い実をいっぱいつけたまま凝固したようになっている。しかしどこか春に近づいている気配も感ぜられる。

昼過ぎ、思い立って久しぶりにルーヴル美術館に行く。昔のルーヴルとはすっかり様変わりしている。巨大な地下駐車場、そこから直接カルーゼルの入口に出たが、たいへんな人。年末年始のヴァカンスで来た人たちだろう、長い行列をいとわず並んでいる。ライオン門の入口から幸い並ばずに入れたが、内部も人が多過ぎて、ゆっくり見る気にはなれない。昔の素朴な美術館が何か巨大な迷路に変貌した感を受ける。ピサネッロの蝶と花々が背景になっている貴婦人の横顔の小さな絵を探したが、見つからない。配置が以前とすっかり違っている。たとえば『モナリザ』は、その昔ティントレットの『カナの饗宴』のあった場所にかけられていた。そして『カナ』のほうはその向かい側の壁面に移されている。ということは、グランド・ギャラリー（ルーヴル美術館で一番大きな陳列室）からその部屋に入ると真っ先に見えていた『カナ』が、今は入って振り向かないと見えない。それにしても、そのほかのダ・ヴィンチの絵がなぜすべてグランド・ギャラリーに移動しているのだろう。せめて同じ作家の絵ぐらい、同じ場所で一緒に見たい。コローの絵を少しばかり眺めて、早々に退散。

……一月六日 ㊏

夜、漏水騒ぎがある。一階の館長アパルトマンのトイレの天井から水が滴る。五階に上がると、シャワー室が水浸し。六階のトイレを流すと、五階から水が漏れ出す。六階と五階のシャワー室兼トイレを使用禁止にする。月曜に業者に点検してもらわねばならない。

……一月七日 ㊐

穏やかな正月が続いている。気温一五度ぐらい。早春の気配が漂っている。朝方シテ（大学都市）の中を散歩し、つい先ほど、午後の一時半頃、今度はモンスーリ公園を歩く。

モンスーリ公園は、幾何学模様に樹木を植えてそれを紡錘形に刈り込んだパリで言えばリュクサンブール公園のようないわゆるフランス式庭園とは違って、滝あり、池あり、広大な芝生の斜面ありの、いわゆる英国式庭園だ。プラタナスやマロニエの巨大な樹木が至るところにあり、大きな池がある。自然を最大限尊重したつくり。この公園のひとつの特徴は、綱につなげば犬を連れて入ってよいということだ。腕に抱えていれば綱がなくとも一緒でよい。こういう公園はむしろ珍しい。

池にはたくさんの鴨が泳いでいる。鴎《かもめ》みたいな鳥もたくさん住み着いている。パンをまくおばあさんが必ずいる。白と茶と、それから黒に緑の典型的な色をした、三羽の鴨がなかよく一緒に泳いでいる。これは昨年五月頃に生まれた兄弟なのだ。雛《ひな》の頃からいつも一緒に泳いでいる。どういうわけか、一羽だけ真っ白なのが混じっているのですぐにわかる。それが成鳥となった今でも一緒に過ごしている。

　モンスーリ公園は東側から西に向かってずっと斜面になって上っている。ちょうどてっぺんのあたり、公園の真ん中に南北に深い溝が通っている。そこはかつての国鉄ソー線、今のRER（首都圏高速鉄道網）のB線の線路が走っている。RERはパリと首都圏の膨張と発展の象徴だ。このRER・B線のシテ・ユニヴェルシテール（大学都市）駅のあるあたりが公園で一番高くなっていて、そこから西のポルト・ドルレアン方向へはずっと平坦な地面が続いている。東のランジス広場あたりが一番低地になっているわけだから、そのあたりからずっと西に向かって土地が隆起していることになる。そのことはシテの構内でも確認できる。日本館から中央の国際館（メゾン・アンテルナショナル）へ向かって、緩やかな上りの道が続く。国際館の直前で断層のように一段上がっている。そこがちょうどシテの駅のあたりである。

……一月九日（火）

　午後五時半から八時近くまで、定例の月に一度の館長会議が国際館のデビッド・ヴェイユホールで開かれる。出席者は四〇名ほど。館長のほか、シテ本部の部長級職員もメンバー。この四〇名のうち、二〇数名は外国館の館長たちで、会議はもちろんフランス語で行われるので、その二〇数名にとっては外国語となる。しかしほとんどの外国人館長たちはビラング（二ヵ国語使用者）だ。つまりフランス語も母国語と同じように喋る。インド館の館長とヴェトナム館の館長以外、アジア人（東、東南、南アジア人）はいない。彼らのフランス語にはかなり訛《なまり》があるが、それでもフランス語を難なく喋る。僕より半年前に来たアルゼンチン館の女性館長のフランス語は頼りない。

一月一二日（金）

読売新聞の書評欄「フォーリン・ブックス」の次回締め切りは来週中頃。今日になって担当の記者から連絡が入る。昨年末にトドロフの『啓蒙の精神』（Tzvetan Todorov, *L'esprit des Lumières*）を東京の読売本社に送ってある。原稿もできている。そもそもこの書評は昨年の夏頃から書き始めたのだが、現地の事情や文化が透けて見える新刊書を紹介してほしいということだった。フォーコニエの画家評伝『セザンヌ』（Bernard Fauconnier, *Cézanne*）、リュック・フェリーの若い人向けの哲学書『生きることを学ぶ』（Luc Ferry, *Apprendre à vivre*）、ステファヌ・オードギーのルソーの兄を主人公とした小説『一人息子』（Stéphane Audeguy, *Fils Unique*）と続けてきた。ほぼ二カ月に一度の掲載だが、一冊選ぶにもやはりこれはと思う本四〜五冊は目を通さなければならないから結構しんどい。

藤村の『千曲川のスケッチ』を読み終わった。田舎の日常、学校生活の一年が丹念に書き込んである。田山花袋の『田舎教師』にも通ずる自然描写が美しい。『破戒』を買ってきて読み始める。大昔読んだが、細かいところは忘れてしまった。これも似たような信州の自然が背景となっている。第二章のはじめのほうに出てくる郡視学と校長の叙勲を巡る会話ではフローベールの『ボヴァリー夫人』のオメーを思い出した。もしかして藤村のこの部分はその影響を受けているかもしれない。

……**一月一四日（日）**

快晴の日曜。朝一一時前、シテの駅前からトラム（市街電車）に初めて乗る。ヴァンヴの青空朝市（一四区、ポルト・ド・ヴァンヴの近くの朝市）まで、七〜八分ほど。トラムはかなりの混みよう。ヴァンヴには日曜は朝市のほかに、蚤の市も立つ。

　トラムは音もなくすべるように走る。座席が比較的少なく、窓も大きく開放的、ガラス部分がたくさんとってあり、車両の連結部も大きく開いていて、広々とした感じがする。

……**一月一五日（月）**

　大使公邸の新年賀詞交換会に出かける。一一時半から午後の一時の時間帯という案内。一二時過ぎに着く。もうすでにすし詰めの状態で、立食パーティーの宴たけなわ。大使夫妻は金屏風の前で招待客の挨拶を受けているが、招待客への大使の挨拶の時間になったので個々の挨拶はあとにしてくれと言われて、とりあえずシャンパン・グラスをもらう。お寿司や雑煮などがあったが、テーブルにたどり着くのが一苦労。在仏の日本人三万二千人のうち、何人ぐらいが招待されているのか。前大使の平林さんが帰任するときのパーティーがあったのは昨年五月。聞くところによるとそのときは七五〇人の招待客。今回は日本人だけに声をかけたらしいが、四百〜五百人はいるだろうか。企業のトップから音楽家や画家ら文化関係者でこちらに長く住む人たちまで。

　大使公邸はサン・トノレ街にあって、大統領官邸エリゼ宮からも遠くない。素晴らしい立地、建物も庭も素晴らしい。夏なら庭園に出てゆっくり歓談できるから、少々人数が多くてもいいけれど、冬は室内だけなので、ぎゅうぎゅう詰めとなって具合が悪い。

大使公邸を一時過ぎに失礼して、北山浩士一等書記官と一緒にスイス大使館へ。予定より一〇分遅れて到着。非直轄館関連の会議である。スウェーデン館と日本館の定款案に対して、シテ本部側が修正案を出してきたので、非直轄館側のギヨワ弁護士と両館の代表、対してシテ側からタルソ・ジルリ事務総長(デレゲ・ジェネラル)とその弁護士たちの二組が向かい合って着席、修正案を巡って質疑応答し、協議するというもの。最初に修正案の趣旨を事務総長が説明し、次いでスウェーデン館、日本館の順に、各定款案を条項ごとに検討していく。非直轄館の親分格のスイス大使のノールマン氏が全体を仕切る立場。非直轄館側とシテ本部側が双方やり合う具合。だがなぜ今定款案なのか。

大学都市の二二のいわゆる非直轄館(パリ大学が運営するのが直轄館、これに対して各国政府が管理運営するのが非直轄館)が公益法人としての資格を得るためには、大学都市の建物と土地の所有者であるパリ大学区事務局と各館が建物等の占有契約を結び、かつ、各非直轄館が公益法人にふさわしい定款を備える必要がある、というのが、ここ六~七年の調査・研究から得られた結論で、昨年から定款案と占有契約案が検討されてきた。同時に、シテ本部もその定款(大学都市のフランス財団の定款)を新しくする作業に当たっている。日本館の番になって、北山さんと僕も疑問点について意見を言ったり質問したりして、まずまず満足のゆく案にたどりついた。ひとつ残っているのは、各館に新しい基金(七五万ユーロ相当の基金)を創設する必要があるか否かという問題で、シテ本部側と非直轄館側で真っ向から対立している。終わったのは五時四〇分。疲れた。北山書記官とコーヒーを飲んで今後の展望を話し別れる。

日仏交流一五〇周年

一月一八日 (木)

午後四時から大使館広報文化部で二〇〇八年の日仏交流一五〇周年記念行事推進協議会第一回会合。基本方針の説明が大使館側からあったあと、各組織（日本文化会館、日本人会、商工会議所、ＪＩＣＡ、などなど一〇団体ぐらい）から、現時点で可能と思われる企画について報告を求められる。日本館からは、日仏学術交流史に関する講演会または討論会の企画、あるいは日本人留学生の歴史に関する同様の企画の可能性について述べる。

一月一九日 (金)

午後四時からシャンゼリゼ大通のジョルジュ・サンクの日本人会事務室で、日本人会の今年第一回の理事会、これが一時間、そのあと、大使が見えて、懇親会。理事だけで四〇名ぐらいいる。会議では日本館について紹介してほしいという浦田会長からの求めがあり、大学都市と日本館を説明。パーティーはビールとオレンジジュース、それにペリエ、おつまみはチーズ、ピーナツ、ポテトチップとつつましい。事務室の移転が日本人会の当面最大の問題らしい。

一月二一日 (日)

昨夜『破戒』を読み終える。一人の青年の自己変革の物語。父の教えと師の教えの間で引き裂かれていた青年は、最後に師に倣って決断する。同時にこれは愛の物語、友情の物語でもある。日本文学には珍しく、友情が確かな形で描かれている。思慕を寄せる女性の存在、それに銀之助の固い友情は、このうっとうしい小説の大きな救いとなっている。

……………… 一月二二日 月

久しぶりにシャンゼリゼ劇場に出かける。ほんとうに久しぶり。プルミエ・バルコン（二階バルコニー席）の正面からやや右、壁を背にした一番奥の席だが、舞台はよく見える。華やかな劇場だが、全体は思ったより小さい。座席も窮屈だった。上から見下ろすと、平土間の座席はさすがにゆったりとしている。下にしなかったのを少し後悔する。「グランド・ヴォワ（偉大なる声）」シリーズで、テノールとソプラノの組み合わせでオペラ・アリアを歌う。オーケストラの伴奏つきと、豪華だ。

テノールのジョセフ・カレーヤはまだ二八歳だが、堂々とした歌いっぷり。美しい声、豊かな表情。必ず世界を席捲する器だ。マルタ島出身。中休みに廊下をゆっくり歩いてみる。知っている顔がないかと探したが、誰もいない。日本人は思ったほど多くない。

バスチーユでは、案内のアナウンスが三カ国語。フランス語、英語と来て、次は日本語だ。出し物によっては英語のあとにドイツ語が入ることもあるが、それくらい、日本人の観客が多い。パリにおける日本のプレザンスを証し立てている。アラブ人や顔の色の黒い人たちはほとんどいない。シャンゼリゼ劇場でも同じ。ここは裕福な白人の世界なのだ。それも、かなり年配の人たちが夫婦連れで詰め掛けている。おそらく、シャンゼリゼ劇場に通う常連、それにオペラ好きの人たちときている。昔、学生時代によく通ったのを思い出した。たいていは一番上の一番安い席だった。

館長倶楽部

………一月二四日 ㊌

昨夜七時からノルウェー館で館長倶楽部が開かれる。四名の館長の退任をお祝いするのが目的。館長倶楽部は昨年の六月頃スペイン館で夫婦同伴の集いを持って以来久しぶりだ。ノルウェー館のがらんとしたサロンには、真ん中に細長いテーブルに白の布をかけてワインやジュース、ケーキやおつまみが並べてある。黒のグランドピアノが一台、それに隅のほうには使われていない暖炉が切ってある。床は板張り、壁にも天井にも木材がむき出しで使ってあって、いかにも北欧の建物。外套は別室に置いて、三々五々館長たちが集まってくる。二五名ぐらいはいるだろうか。本部からもテクセロー夫人（アドミッション部門責任者）とルスタロ夫人（図書館長）が来ている。七時集合で僕が着いたのは五分過ぎぐらい、しかしこの時刻にはまだ三人程度しか集まっていない。フランス式に、まず二〇分は遅れて集まる。それから、置いてあるワインを勝手に傾けて、あちこちで固まりができては話が弾んでいく。飲み物を用意したのは、建物を提供したノルウェー館の女性館長のブリンヒルド。イギリス館の館長フレデリックがワインの栓を抜く。ブリンヒルドは大使館員だというから、外交官か。フレデリックはパリ七の英文学の教授。シテの館長は大学教員と外交官が多い。

　八時過ぎてようやくビューロー（館長会議の執行部）の責任者のフィリップが挨拶を始める。退任する四人の館長の業績をそれぞれ称える文章を四枚ほど作ってある。かなり長い演説だ。それがすむと、今度は四人が順番に挨拶。これも一人ひとりかなり長い。中にはきちんと紙を用意している人もいる。プロヴァンス館の館長は大学教授、六年勤めて大学も退官。引退生活に入るという。アルメニア館の女性館長はまだ若く見える。フランス生まれのフランス育ちでフランス語はネイティヴだろう。この人も六年。ベルギー館のモレ館長とモナコ館のバジリコン館長は外交官、一二年とか一五年とか務めての退職だけに、挨拶も次第に感情が高ぶって声が詰まり、目頭を押さえるようになる。四人とも挨拶の終わりにはみな涙ぐんでいる。無理もない。日本館の館長のように二年務めて「はい、さようなら」ではないのだ。同僚たちも長期の館長職の人が多いので、長年の同僚を失う悲しみに浸った人が多かったようだ。四人にはデンマーク館のプールセン館長が用意した餞別の品が送られた。希望するプレイアード版のフランス文学叢書を一冊、というのが慣行らしい。

……一月二八日 ㊐

朝からフランス語検定試験、通称仏検の面接。パリ第七大学のクレール・ブリセという若い女性と組む。日本絵画の中に隠された文字の研究をしているのだという。場所は二〇〇〇年のときと同じアンバリッド近く、ロダン美術館の南側のリセ。広々とした中庭のある立派なリセだ。一〇時から一二時半まで、ほとんど休みなく二〇人近い人たちと面接する。ビラング(バイリンガル)の日本人の女の子もいれば、フランス人と結婚した中年の日本人女性もいる。レベルはさまざま。

午後一時過ぎに日本館に戻る。三時から、

今度は館内餅つき大会。コミテの委員たちが前日からがんばって準備した甲斐があって、立派な出来。六升のもち米をふかすのはさぞ大変だっただろう。趣向も凝っている。六回目の最後のときは、黒いもち米だった。どういう種類の米なのか、いわゆる野生米（riz sauvage）というのだろうか。その前の五回目は、搗《つ》く餅にあらかじめ胡桃を混ぜた胡桃餅。サロンで搗くと床が抜ける心配があるので、玄関を開け放って、玄関前の一段高くなっているテラスでの餅つき。かなり寒いが仕方ない。館長がまず最初にと勧められて杵を取った。二回だけ搗いてすぐにバトンタッチ。日曜の午後とあって、外から家族連れが大勢日本館の前を散歩して通る。その人たち—多くは子供連れ—が興味深そうに立ち止まって覗いていく。搗《つ》かせてほしいとせがむ子もいる。中にはサロンに入って試食する人までいた。黄な粉、餡《あん》こ、のり、黒ゴマなどを用意してある。お汁粉もおいしかった。大勢のレジダンとその友人、日本人以外もたくさん、集まった。これは予期した以上の大成功と言える。コミテの委員たちは日本酒まで用意していた。外はかなり寒かったが、心が潤った日曜の午後。

二月

ローマ旅行

……二月一日 (木)

ローマへ、久々の休暇旅行。朝の一一時過ぎの飛行機は三〇分以上遅れてパリのロワシー（シャルル・ド・ゴール国際空港）を飛び立つ。ローマに着いたのは午後一時二〇分頃。空港から直通電車で国鉄テルミニ駅まで三〇分。そこからバスに乗る。駅前の五百人広場から六四番のバスだ。パンテオンのちょっと南のV・エマヌエレII世通りを通るので都合がよいはずだったが、慣れないので乗り過ごしてアルジェンティーナ広場まで行ってしまう。予約してあるホテルを見つけるのに手間取る。パンテオンのすぐ脇の、その名もパンテオン・ホテル。

夕方、ホテルに荷物を置いて、さっそくカンポ・デイ・フィオーリ広場へ出かける。そこからテヴェーレ川のほとりへ。ナヴォーナ広場を通って戻る。このあたりはローマの中でもルネサンス地区と呼ばれる下町。もっとも風情のある一角。気温は一五度ぐらい、三月中旬の気候。サンタ・マリア・デッラ・パーチェ教会、サン・アゴスティーノ教会、そしてサンタ・マリア・ソプラ・ミネルヴァ教会と、この界隈の由緒ある三つの教会を丹念に見て回る。

……二月二日 (金)

午後、コロセウムとフォロ・ロマーノ見物に出かける。夜はフランス・ローマ学院の古代研究部長ヤン・リヴィエール君の家にアペリティフに呼ばれる。同僚の考古学者が二人いた。

……二月三日㊏

駅に荷物を預けてから、バルベリーニ宮殿の国立絵画館へ行き、ヴェネート通りをぶらつく。さらに、久しぶりにサンタ・マリア・マッジョーロ大聖堂とサン・ピエトロ・イン・ヴィンコーリ教会に出かけてみるが、残念ながらヴィンコーリは昼休みで閉まっていて入れない。ミケランジェロのモーゼ像に再会できないのは残念。

ローマは、いつでも時間があれば戻りたい懐かしい思いのする小都会だ。パリに比べたら遥かに小さな、古い黒ずんだ都だ。

帰りはテルミニ駅から夜行寝台。ワゴン・リ（個室寝台車）で横になって夜通し揺られてパリはベルシー河岸の新しい駅に翌朝着く。フィレンツェ、ブリーグ、ローザンヌ、ディジョンを夜更けに通過する。いまどき、ローマからパリまで汽車の旅とは、時代遅れと笑う人もいるかもしれない。しかしこうした汽車の旅は、むしろ贅沢な時間の過ごし方と言える。一九世紀末から二〇世紀前半にかけてのスタイルだ。

……二月六日㊋

月に一度の館長会議。途中シテ（大学都市）の郵便局で待たされたせいで一〇分ほど遅れて行ったらほとんど満席、議長席の近くしか空いておらず、やむなくそこへ。お蔭でフランス語がよく聞き取れる。いつもは一番遠くの席にいる。正方形に机が並べてあり、議長団の真向かいの一列の右端、もしくは議長団に向かって右側の一列の一番遠いあたりに座っている。その辺に座るのはノルウェー館のブリンヒルト、デンマーク館のカール（この二人は仲がいい）、インド館のサニヤルあたりだ。座る席は大体決まっている。誰と誰が親しいか、誰と誰が一緒にいるか、そんなことが座る席を見ているとよくわかる。

　職員はほとんど義務のように出てくる。おまけに最後まで必ずいる。ところが館長たちは休むのもかなり自由、さんざん発言したあとで、さっさと退席する人も少なくない。そんなときも悪びれた様子はなく、堂々と帰っていく。それにしても、館長たちはよく喋る。みな紳士的な発言ぶりだが、喋り出すと、長い。しかもそのフランス語力には驚く。フランス語が母国語でない館長たちのフランス語能力のことだが、ドイツ館のクリスティアーヌ、モロッコ館のアーメド、ブラジル館のイネス、この人たちのフランス語はどうやって習得したのだろうか。アーメドはもともとフランス語で育ったかもしれない。しかし、イネスのフランス語は！　ポルトガル語が母国語だから、発音はとてもフランス語に聞こえないが、立て板に水の演説は必ずみんなを一度は爆笑させるユーモアがある。イネスは館長になって九年とか。そのぐらいいればフランス語を喋るコツもわかるかな。インド館館長のフランス語も僕にはイネスのフランス語同様、聞き取りづらい。英語訛《なま》りがものすごい。にもかかわらず、こちらも流れる水のように喋りまくって、しかもフランス人はちゃんと理解しているらしい。

…………二月八日（木）

　夕方五時頃アニック来館。パリ第七大学のアニック・ホリウチに東京倶楽部の助成金申請の推薦状を頼んであった。日本館図書室蔵書目録の電算化事業に対する補助申請なのだから、あの評判の図書室を一度見ておきたい、というもっともな申し出。司書の市川君に同席してもらい、日本館図書室の特徴を説明する。申請書の英文要約の件も、誰か学生で英語のできる人を見つけてもらえないかと頼んだが、これはどうなるかわからない。

ついでに、二〇〇八年の日仏交流一五〇周年記念に日本館で行う催しについても相談する。フランスにおける日本研究の現状（l'état présent des études japonaises en France）と題して一月から一二月まで毎月一回、フランス人日本学者に来館してもらい、講演会を開く。最終回には全員が揃って討議。パリ在住日本学者（できるだけ若手）の連続講演の企画について、人選などを引き受けてくれる。肩の凝らない話を何カ月か続ける、謝礼は出せないが、毎回講演終了後、聴衆と講師を囲んでちょっとしたパーティーを開く、など、こちらの考えを披露する。

……… 二月一〇日 ㊏

久しぶりにモンスーリ公園を歩く。いつも朝方は雨なのでじっとりした感じが公園一帯を包んでいる。どこかしら春を感じさせるものがある。このところ、午後になると一〇度を越えている。木瓜《ぼけ》の真っ赤な花が咲いている。

夜八時から凱旋門近くの中華料理屋で田村毅さんを囲んで食事。僕が大学院生時代に田村さんは仏文研究室の助手だった。昨年三月で東大が停年退職になり、一一月からジュネーヴ大学日本語科で三カ月日本文学を講義してきた。中里介山『大菩薩峠』と宮沢賢治『銀河鉄道の夜』をフランス語で話したとのこと。きちんと原稿を作って臨んだのに、やっているうちにただ読み上げるのが嫌になり、結局原稿なしのアドリブで授業したと言っていた。日本文化会館の岡副館長、朝日新聞の澤村パリ支局長、ユネスコ代表部の今里公使参事官、それに大使館文化広報部の北山一等書記官が一緒だった。岡さんと僕は教養学部フランス科出身だが、それ以外はみな学部が仏文出身で田村さんの教え子になる。それで昔の話に花が咲いた。田村さんは三ヵ月の講義を無事終えたところで高揚した気分が持続しているものと見えて饒舌だった。北山さんの行きつけの気の置けない中華レストランは女主人も愛想よく、たっぷりと食べて飲む。帰りは北山さんが車で送ってくれた。

オペラを観る

……………二月一一日（日）

午後二時半から六時過ぎまでバスチーユでオペラ『ドン・ジョヴァンニ』を観る。珍しくメトロで行く。シテからRERのB線でダンフェール・ロシュローへ。そこから六号線でプラス・ディタリー（イタリア広場）。そこから今度は五号線ボビノー方向でバスチーユまで。二度乗り換えて約三〇分。駐車場所を探してうろうろしなくて済むからその点は便利。座ったのは第二バルコン正面、安い席だが、声はよく聞こえる。ただし、あまりに上からで、遠過ぎて歌手の表情は僕の目ではよく見えない。

演出は最悪だった。演出家の解釈によれば、ドン・ジョヴァンニは企業の社長、ツェッリーナやマゼットも含めた村人たちはその会社の清掃人たち、特にツェッリーナとマゼットは東欧からの難民（移民）で、語学力のせいで能力に見合った職につけないという意識がある。ドンナ・エルヴィーラはドン・ジョヴァンニが以前勤めていた地方の会社の重役、ドンナ・アンナの父の騎士長はドン・ジョヴァンニの今の会社のパトロン、娘のドンア・アンナはその父に溺愛されて育ち……というような設定らしく、高層ビルの中の廊下だかホールだかが舞台となっていて、この無愛想な装置は全幕変わらない。エレベーターから出たり入ったり、最後は騎士長が車椅子で登場、ドン・ジョヴァンニが騎士長と握手をしているとき、脇から近づいたドンナ・エルヴィーラにナイフで腹をさされてドン・ジョヴァンニは絶命、地獄に落ちる代わりに、清掃人たちに担がれてビルの窓から下に放り出されるという始末。レポレッロもその主人も背広にネクタイで、見た目にはどっちが主人でどっちが下僕か判断がつかない。服を交換して主従入れ替わってのどたばたも、背広がほとんど同じに見えるので効果が疑わしい。しかし、オケと歌はよかった。指揮はミカエル・ギュトラー。ドレスデン生まれの四〇歳。

トゥールーズで一度棒を振ったことがあるらしいが、今回が事実上のフランスデビュー。ザンクト・ペテルスブルグのマリインスキー劇場で客演常任指揮者を四年、相当才能があると見た。声はドンナ・アンナ役のクリスチーヌ・シェーファーがとてもよかった。フランクフルト生まれ。すでに国際的にかなり活躍している人らしい。六月にパリの国立オペラのシーズン最後の出し物『椿姫』でタイトルロールを歌うそうだから、楽しみだ。演出家は最近映画監督として次々と賞を取っているとかいうMichaël Haneke（何と読むのだろう。ミカエル・ハネケ?）。ミュンヘン生まれの六四歳。評判のよろしくないという、まことに噂どおりの演出だった。どうやらオペラでは演出家が一番偉いらしい。カーテンコールにも姿を見せない。勝手な解釈を露骨に押し付けても、誰も何も言えない。こんな演出では音楽がもったいない。

……二月一四日 水

夜七時半から七区にあるユネスコ大使公邸で夕食会。近藤誠一大使は着任して半年足らず。今回は日本人会の理事会メンバー九名ほどを呼んでくれた。僕もその一人。パリには三名の日本人の大使がいる。ユネスコ日本代表部大使公邸は在仏日本大使館大使の公邸やOECD大使の公邸のような豪壮な館ではない。普通のアパルトマンの五階。普通のとは言っても、七区のボスケ大通りのセーヌ河に近いところだけあって、かなりブルジョア的な建物の中にある。一般の家庭をたずねるように、まず下で暗証番号を押して建物入口の扉を開ける。中に入ると、今度はインターフォンでKONDOというところを押して、もう一度、中の扉を開けてもらう。それからやっとエレベーターにたどり着いて五階へ。大使が出迎えてくれる。

画家の赤木曠児郎さんとボスケ大通りで一緒になったので、二人で部屋に入る。二五畳ぐらいの大きなサロンにはすでに先客が三名。シャンパンを飲みながら歓談中。そこに加わってシャンパンでもう一度乾杯。こういう夕食会は型が決まっている。着席するかしないかは別にして、ともかく最初にシャンパンを飲んで自由に歓談する。これが四〇分から一時間ぐらい。遅れてくる人もこうしているうちに次第に揃うのだ。それから隣の部屋(同じような広さ)へ移ってテーブルへ。席はきちんと定められていて、着席表が用意されているのでそれを見て確認のうえ、座る。細長いテーブルで大使が一方の真ん中、向かってもう一方の真ん中が招待客で一番格上の人、今宵の場合は在仏日本人会会長の浦田良一さん。

あとは大体年齢順にその周りに着席するように作られている。僕は大使と向かい合ったサイドの一番端だったので、若いと思われたのか、それとも日本館館長の格はその程度と思われたのか、そのあたりはよくわからない。

料理は日本料理。最初に日本酒、それから白ワイン、赤ワインの順。メニューを書いたカードが添えられている。飲み物の銘柄も記載されている。白はシャトー・スミット・オー・ラフィット九九年もの。赤はシャトー・ピション・ロングヴィーユ・ポーイヤック九八年もの。さすがに、かなりよいものを揃えている。日本酒は土佐鶴。食事は約一時間半、大使は客一人ひとりに話の矛先を向けて話題を求める。全員がなにかしら喋る機会を与えられる趣向。それからまた、もとのサロンに移ってコーヒーまたは紅茶、さらに食後酒と続く。折をみて客のほうから失礼させてもらう旨を告げる。いつまでも歓談が続いて客が腰を上げそうもないときは、大使のほうから口を切ってこう言う。「お疲れでしょうから、そろそろこれで。」車を運転して帰宅したのは一一時半頃だった。

映画の愉しみ

……… 二月一七日 ㊏

夕方四時半から映画を観る。アレジアの教会向かい側の映画館。ドイツの映画で原語上映、フランス語字幕付き。フランス語の題は『他人の生活』(*La vie des autres*) という。日本語の題は『善き人のためのソナタ』というらしい。フランス語の題名は主人公の女優が演じている芝居の題名から、また日本語のほうは、東ドイツ当局に睨まれて著述が禁止されたまま自殺してしまった老作家（イェスカだったか?)が、主人公の劇作家の誕生会にプレゼントとして送った楽譜の曲の題名から、(勘違いでなければ)それぞれ取っているのだと思う。自殺を知ったあと、主人公の劇作家はその曲をピアノで弾き、盗聴器を通してこの映画のもう一人の主人公である諜報機関員のヴィスリーがそれを聞くという仕組み。三三歳のフロリアン・ヘンケル・フォン・ドナースマルクという名前の監督のデビュー作だそうだが、終盤、諜報機関の巧みな誘導から恋人の劇作家を裏切らざるを得なかった女優が自動車にはねられて自ら死を選んだ場面では激しく感動して、涙がとまらない。

一九八四年から始まって、八九年一一月九日のベルリンの壁崩壊を挟んで、その何年かのちの後日談まで、東ドイツの諜報機関に弄ばれた東側の知識人たちの悲劇を扱っているが、実は劇作家と女優のカップルの監視に当たったある諜報機関将校の人間性がこの映画の真の主題だ。人間は変わりうるのか、という普遍的な重い問題を、これまた重くるしい時代背景の中で扱った秀作といえる。映画が始まってまもなく、人間は変わるものか否かを巡って主人公を取り巻くインテリたちの間で会話が交わされる場面があるが、これが映画全体の主題を提示しており、諜報機関将校の心の変容の重要な伏線となっている。

……二月二二日㊍

二〇日から二二日まで三日間、毎朝九時半に大使館文化広報部へ。三日間缶詰でJETプログラム(語学指導等を行う外国青年招致事業)の派遣者選考の面接試験。終わるのは一八時半ぐらい。三日間で五〇人ぐらいのフランス人青年たちと一人二五分の面接をフランス語と日本語で行う。面接委員は日仏取り混ぜて五名。

日本の地方自治体に一年から三年、研修で派遣される、あるいは、地方の中学、高校でフランス語教員の補助をする、と言った内容だが、応募者たちの話から、いかにフランスで日本への興味が高まっているかを肌で感じることができる。日本人は礼儀正しく謙虚で優しい、というのが大方の日本贔屓のフランス人たちの指摘する点だ。日本が好きでしょうがない、たのしくて仕方なかった、もう一度行きたい、向こうでフランス語を教えたい、日本人にフランスの文化を伝えたい。こんな人たちばかりだ。しかしこの選考試験で最終的に日本に行けるのは毎年二～三名なのだ。日本の地方自治体で、フランス人を受け入れようというところが少な過ぎるのである。もったいないことだと思いながら、選考には難渋する。


この試験は高校・大学時代の成績表、それに指導教員らの推薦状を何通も願書につけねばならないうえに、英語による論文（課題設定は自由）と日本語による応募理由の説明文の提出も義務付けられている。さらに面接では、日本語のほかに、英語による会話能力も問われるといった具合で、かなりハードルが高く設定されている。しかし驚くのは、日本語の作文をなんとかこなしているのはもちろんだが、ほとんどの志願者が英語をかなりたくみに喋れるということだ。日本人の同世代の若者と比べれば、差は歴然としている。意欲もあり動機もしっかりしていて能力にも恵まれた多くのフランスの青年が応募する。にもかかわらず、ほんのわずかしかこの制度の恩恵に与れないのは、まったく残念なことだ。

二一日（水）には、JETプログラムの面接が終わってすぐバスチーユに駆けつける。

一号線で一本、一九時ちょっと過ぎに着く。席について、間一髪で前奏曲が始まった。一八三五年初演のアレヴィー作『ユダヤ女』（*La Juive*）。一九世紀にはほんとうによくやられた演目だそうだ。とてもまじめな、音楽的には大げさなオペラという印象。

皇帝の姪のウードクスィー公妃役のアニック・マシス（ソプラノ）がよかった。ユダヤ女ラシェル役のアンナ・カテリーナ・アントナッチ（ソプラノ）も悪くなかった。二人ともすでに活躍している人らしい。ラシェルはユダヤ人の宝石商エレアザールに育てられたが、実は枢機卿の実の娘だったというどんでん返しは、第五幕のはじめあたりで観客にはわかってしまう。宝石商がラシェルを枢機卿に返すのか、それとも道連れにしてしまうのか、ここが最後の見どころとなる。父と娘の物語、異教徒間の復讐劇、その両者の要素を兼ね備えたオペラ。終わったのは二三時半、途中二回休みがあった。

二二日（木）には夜、またアレジアで映画を観る。前日二一日から公開された『硫黄島からの手紙』。クリント・イーストウッド監督の硫黄島二部作のうち、日本側から見た映画。完全に孤立した日本軍将兵二万余名が大艦隊で押し寄せ上陸してきたアメリカ軍といかに戦い玉砕したかを克明に描いて、勇敢に戦った日本軍将兵へのオマージュでありながら、実は戦争のむなしさ、残酷さを淡々と、しかし完膚なきまでに描ききった秀作だ。日本軍の戦死者二万一千、捕虜一千、アメリカ軍の戦死者六千、負傷者二万一千。アメリカ軍の上陸は六万名。アメリカ軍の死傷者数が日本軍のそれを上回った唯一の戦いだったそうだ。アメリカ軍の事前の予想では五日で終わるはずの戦いが、栗林中将指揮下の日本軍の不退転の決意でひと月も持ちこたえたのだという。それにしてもこれは、もっと早く日本人の監督が作るべき映画ではなかったろうか。

………二月二八日（水）

朝一一時からスイス大使館で非直轄館会議。一〇時半に着く。途中メトロで一緒になったスウェーデン館館長のヴィヴィ・アンヌとおしゃべりして待つ。非直轄館のまとめ役のスイス大使ノールマン氏が三月末で退任となるので、一度まとめの会をやっておきたかったらしい。これまでの動きを振り返り、現時点の総括を行った。非直轄館が公益法人となるためには、七五万ユーロの新たな基金の創設が必要と、フォンダシオン・ナショナル（パリ国際大学都市本部フランス財団）のプレジダンであるポシャール氏がわれわれに提案したのは昨年九月のこと。これに対して各国館は激しく反発した。われわれの弁護士によれば、当該基金はかつての国内法では確かに法的に必要なものと規定されていたが、国務院の最近の判例では法的必然性は否定された、と。また、歴史的経緯論も。非直轄館はこれまでの歴史があり現在にいたるまでさまざまな経費を投入してきた、多少の蓄えもある。そうした点を勘案すれば、現行のままで十分。今ここで新たな基金を創設する必要がどこにあるのか。今年の二月末、スイス大使以下牽引役の面々が国務院に赴き担当者に打診したところ、国務院はわれわれの主張に好意的であった、と。したがって、七五万ユーロもの基金創設については事実上解決したも同様と受け止めてよい。今後われわれが検討すべきは、フォンダシオン・ナショナルの新定款案と、シテのアルシテクテュール（全体図）である、など。ただ、非直轄館は今後誰がまとめ役になるのか、その点が不明だ。山田公使の車で文化会館まで送ってもらう。

三月

お呼ばれ

三月二日（金）

イリスカ氏宅にお呼ばれ。午後八時一五分ぐらいに訪ねる。まだ相客はきていない。今日は誰が来るのか、これは誰かの家に呼ばれるときのスリリングな体験だ。招待されたとき、誰と一緒かは普通明らかにされない。行ってみて初めて、ああそうだったのか、この人と一緒だったのか、となる。初対面の人と一緒になるケースが多い。招待した主人は全員を知っているが、呼ばれたほうはお互いまったく面識がなかった、などというケースはよくある。

白ワインを飲みながらカウンターバーでおしゃべりしているうちにやって来たのは、カナダ館の館長マルセル・サムソンとその奥さんのクレール。したがって、今晩はカナダの、それも彼らの出身地のフランス語圏ケベック州あたりの話、それに日本の話題が中心となるだろう。さらにエルネストの奥さんレリアの母国ブラジル。この地球上まったく異なる三地点を話が駆け巡るのはまことに面白い。マルセルはカナダ人とはいえ、フランス語は母語、物理学者でパリ第七大学教授のエルネストはルーマニア系だが洗練されたフランス語を話す。たいして精神分析医のレリアはブラジル語（とは、つまりポルトガル語）訛《なま》りのフランス語。話に花が咲いて午前〇時に帰宅。激しい風雨の中、和やかな時間が流れた。ホスピタリティーのお手本みたいな人たちだ。

三月三日（土）

午後から日本語スピーチ・コンテスト。日本文化会館の主宰では第一回となるこのコンテストは、二つの部門に分かれる。高校生までの部と、それ以上の一般の部。書類選考で前者は六名、後者は九名まで絞ってあったが、本選ではそれぞれ一名と二名が辞退したので、合計一二名のスピーチを聞くことになった。

午後二時半から始まり、最初に中川館長と山田公使のスピーチなどのセレモニー（いずれもフランス語）。続いて第一部、第二部の本選開始。審査結果は審査員が別室に集まり五時半頃から二〇分ほど協議。それから審査結果の発表、スポンサーからの賞品授与などのセレモニーが続き、最後は岡真理子副館長の謝辞で締めくくり。すべてフランス語で進行する。審査員は日本語教育の専門家北条先生と僕、それにオルレアン大学のジャン・バザンテ氏とイナルコのマリオン・ソーシエ女史。ソーシエが総評、そのあと第一部門は僕から、第二部門はバザンテから、審査結果の発表を行う。二人のフランス人審査員は当然のことながらまことに流暢な日本語を話す。

しかしこの審査は神経が疲れる。五分のスピーチ、質疑応答（第二部のみ）で構成され、そのあいだに、採点項目ごとに点数を記入していくのだが、オリジナリティ、語法の正確さなどなどの項目はともかく、総合点として何を基準にスピーチとしての優劣を決めるのかは審査員によって判断の分かれるところだ。フランス人審査員とわれわれ日本人審査員の間でかなり評価の違いが出た人もあった。

感心したのは若いフランスの青年たちが日本の最先端の若者の風俗に関心を持ち、しかもそうした日本の同世代の青年たちの、私から見ればあまりいただけないような、いわば後退した風俗を積極的に擁護しようとしていたことだ。ヴィジュアル系、ガングロ、オタクといったタイトルのスピーチはフランスの高校生たちのもの。一般の部では「仮装の精神」という題のスピーチもあった。これはいわゆるコスプレを紹介し、その源流に歌舞伎や信長を見ながら、人を驚かせる精神、フレッシュなエネルギーの発露として肯定的に捉えようとするもの。これらと対極にあるスピーチは、日本の隠れた美を発見して礼賛したり、日本における宗教の社会的影響を論じたり、勤勉・連帯といった日本人の特徴とされるものを日本の民族精神から理解しなおしたりするものだ。論題は日本に関係があれば何でもよい。

……… **三月四日 (日)**

夕方から日本人レジダン（居住者）の研究発表会が図書室で行われ、請われて出席。意見を述べる。仏文の大学院生U君が一九世紀の特に前半のフランス演劇における亜者とパントマイムの流行について日本語で二五分喋り、そのあと、質疑応答。最後はお茶とお菓子で懇親会。日本フランス語フランス文学会の関東支部大会で発表するための、いわば予行演習だ。一五名ほどの聴衆がそれぞれ感想を述べたり質問したりしたので、ずいぶん勉強になったことだろう。こういう催しこそ今後どんどんやったらよい。

……… **三月五日 (月)**

午後からイタリア大使館へ出かける。イタリア館の館長ロベルトが館長職一五年の功績をもってシュヴァリエに叙勲され、その叙勲式とレセプション。イタリア大使館は七区のヴァレンヌ街の、オテル・マティニョン（首相官邸）から程遠からぬ館にあったが、中に入って驚く。豪華な室内はヴェルサイユ宮殿並みの壮麗な装い、貴重な家具・調度・絵画で埋め尽くされている。おまけに広大な庭園に面しているのにもびっくり。ローマのヤン君から聞いた話では、フランス政府がローマのパラッツォ・ファルネーゼ（ファルネーゼ宮）を無償で大使館として使っているのと交換で、イタリア政府もこの館をフランス政府から無償で貸与されているのだそうだ。式は型どおり、ロベルトの業績の紹介と賛辞からなるイタリア大使の挨拶とロベルトの返礼からなり、翻訳家として著名な奥さんにも同様の勲章が授与され、カクテルへと移って小一時間のパーティーは無事終わる。

……**三月九日（金）**

夜八時から日本館サロンでソプラノとクラリネット、ピアノのコンサート。今年になって四回目、昨年一〇月以来で数えると通算八回目のコンサートの夕べである。ソプラノの大橋ジュンさんは奈良ゆみさんのお弟子さん。ドビュッシーを骨子とし、間で松平頼恒らの日本の歌曲を紹介しながら、ヴェトナム系フランス人の作曲家ダオの曲やシューベルトも歌うなど、意欲的な選曲。作曲家ダオさんも客席にいたので紹介する。観客約八〇名。終わってからワイン・パーティーはいつもの行事。

とうとう春が来た

……**三月一〇日（土）**

とうとう春が来た。今朝、一〇時過ぎだったろうか、モンスーリ公園に久しぶりに入ってみる。外は快晴無風、一六度ぐらいはあろうか。水仙、レンギョウが咲き誇り、さながら柴の緑に黄色が対抗する図式。ギリシアやローマで見つけたアカンサスがこの公園にもあることを発見。古代ギリシアの神殿柱頭の文様などに用いられた由緒ある植物がこんなに身近にあったとは。園内を進むにつれて花々が咲き乱れ、あろうことか、マロニエの老木まで若芽を出し始めているではないか。よく見ると、多くの木々でこれまで枯れ木色にくすんでいたこずえがいつのまにか黄緑色に変わっている。小さな葉が一面に出始めている。まだ三月中旬になったばかりというのに、これはもう春の到来を告げるものだ。池に面したベンチにひととき腰を下ろして、巡り来た春の風情を眺めた。もう重たいコートもいらない。上着とスカーフで十分だ。この公園があるお蔭で、この界隈の人々はどれほどの幸福を授かっているであろうか。ゆったりとした足取りでシテに戻る。

……………**三月一二日**（月）

今日も快晴。桜が満開に近づいてきた。昨夜シラク大統領がテレビで国民向けの演説を行い、次期大統領選には出馬しないことを明らかにした、というニュースを今朝のテレビで見る。「（大統領選に打って出るのとは）別の仕方で国民に奉仕したい」と。二期一二年の任期がこれで終わり、シラク時代が終焉することになった。この演説を受けて、国民は新しいページを開くときを迎えたとセゴレーヌ・ロワイヤルは語っていたが、大統領候補者たちは押しなべてこの引退宣言に好意的だ。

ところで、最新の世論調査によれば（TNS-Sofres、三月八日・九日調査）、与党民衆運動連合l'UMPのサルコジの支持率は二七パーセントで、前回二月二八日・三月一日の調査時より四パーセント減、野党社会党PSのロワイヤルは前回と同じ二五・五パーセント、最近急激に浮上してきたフランス民主連合l'UDFのフランソワ・バイルーは二三パーセントと前回より四・五パーセント上昇。三つ巴の混戦状態が鮮明になってきた。極右国民戦線FNのジャン・マリー・ルペンJean-Marie Le Penは一二パーセント。前回の再現は難しいだろう。そのほか左派には共産党のマリー・ジョルジュ・ビュッフェMarie-George Buffet、トロツキストのラギイェ女史Arlette Laguiller（Lutte Ouvrière）やオリヴィエ・ブザンスノOlivier Besancenot（LCR）、反モンディアリスム運動のジョゼ・ボベJosé Bové（Une alternative à gauche）、労働者の党のジェラール・シヴァルディGérard Schivardi（Parti des travailleurs）、緑の党les Vertsのドミニック・ヴォワネDominique Voynetら、右派にも王党派のフィリップ・ド・ヴィリエPhilippe de Villiers（Mouvement pour la France）、フレデリック・ニウースFrédéric Nihous（Chasse, pêche, nature et tradition）ら、いわゆる泡沫常連候補がいるが、いずれもごくわずかの支持率しかない（〇・五パーセントから三・五パーセントまで）。もっとも泡沫と言っても、こちらのメディアの扱いは日本とは違う。どんなに小さな政党の候補でもテレビには有力候補と対等に招待され、堂々と主張を述べている。ラギイェなどはもう三〇年以上も前から大統領候補で、常連の古参なのだ。選挙運動はいよいよたけなわ、マルシェ（青空朝市）が立つ日は各陣営の運動員がビラを配っている。

……**三月一四日 水**

午後五時半から国費（日本政府）留学生の壮行会で大使公邸へ。車で行かずにメトロで行く。午前中、文化広報部の北山書記官から電話があり、大使の挨拶に続いて留学生たちに激励の挨拶をしてほしいと頼まれる。会場に着くと、今度は、激励の挨拶と一緒に乾杯の音頭もとってほしいと北山氏。昨年六月末、三日間文化部に缶詰になって五〇名を越える受験生の面接試験を行った。もちろん分野ごとに専門のフランス人たちと組んで行うのだが、一応僕が面接審査の委員長という資格だった。うち、選ばれたのは最終的に二〇名。そのときに審査委員の一人だったエコール・ポリテクニック（理工科学校）の教務部長で物理学者のドルーアン氏と再会。昨年小西財団の翻訳大賞を井上靖の『おろしや国酔夢たん』の仏訳で受賞したブリジット・小山さん、日本の大学で教えているマリー・ガボリオさん（元国費留学生）、日本美術史で源氏物語絵巻などの専門家のINALCO助教授（名前を失念）なども招待されていた。

　従来、国費留学生の壮行会はティルシット街の大使館文化・広報センターで行っていたのが、今回は大使公邸の立派な庭園に面したホールで開催されたので、留学生も招待客もたいそう喜んでいる。この席で、留学生OBの会の結成が呼びかけられた。六百名を越えるアンシャン・ブルシエ（旧給費留学生）のうち、すでに一五〇名が賛同の返事を寄越したそうだ。

　パーティーはたとえば五時半開始となっていても、最初のうちはシャンパンを飲んで適当に歓談して招待客が集まるのを待つ。やっと六時になってから、セレモニーの段取りだ。北山書記官が司会で大使の挨拶、留学生の紹介と各自のひとこと、そして僕の挨拶と乾杯、と続く。すべてフランス語で進行する。七時終了の予定が最後の客が帰ったのは八時過ぎ。

　それにしても、この国費留学生たちはいずれも日本の大学や大学院で研究するために派遣される給費留学生たちだ。いわば日本に関心を持つフランスの若手エリートといった人たちで、分野はさまざまだがいずれにしても日仏の将来のかけはしになると期待される。招待されたOBたちの言葉にも日本に対する好意がにじみ出ていた。君たち、きっと日本に行けばびっくりするような発見があるぞ。人生が変わるような体験をするに違いないよ。僕もそうだった……こんな感じで新旧の留学生たちの交歓が続く。一九七〇年代、われわれがフランス政府の給費留学生試験に受かって渡仏するとき、在日フランス大使館はこんなパーティーをしてくれたかしら。

学問に勤しむ若者たち

……三月一八日 (日)

朝から冷たい雨、ときに霙《みぞれ》交じりの雨が降り続いている。冬空に逆戻りだ。予報によれば来週一週間は小雨、雪、霰《あられ》と荒れ模様、気温も最高三〜四度らしい。春はどこへ行ったのか。

一六日付のル・モンド紙によれば、大統領選に立候補するのに必要な五百名の署名の提出締め切りの一六日午後八時を前にして、九名はすでに必要人数を集め（サルコジ、ロワイヤル、バイルー、ビュッフェ、ラギイエ、ルペン、ブザンスノ、ド・ヴィリエ、シヴァルディ）、あと三名（ヴォワネ、ニウース、ボヴェ）もほぼ届いているという。したがって、今回は最終的に九名から一二名の立候補者となるそうだ。最終リストが確定するのは二〇日の火曜日。他方一七日付の同紙によれば、最新調査結果は決選投票に残る可能性がある候補をサルコジとロワイヤルと予想している。そして第二回投票で、最終的にはサルコジ五一・五パーセントに対してロワイヤル四八・五パーセントで次期大統領はUMPの候補がなるという。

今後毎週各種アンケート結果が公表され、賑やかな選挙戦が四月二二日の第一回投票まで続くこととなる。

夕方四時から六時半まで、研究発表会。今回も根岸君の立案で彼が司会して、仏文の大学院生で日本館レジダンのNさんがフランス語でクローデルと能について話す。題して「クローデルの能の日本受容――『女とその影』、一九二三年から二〇〇五年まで」(La réception japonaise des Nô claudéliens: *La Femme et son ombre*, de 1923 au 2005)。Nさんが二三日にマルヌ・エ・ヴァレ大学のクローデル研究集会で発表するのに合わせた行事で、歌舞伎として依頼された作品が六八年に能として演じられたいきさつ、その意味を解明し、クローデルの詩的特色を明らかにする、という意図を込めた発表のようだった。終わって質疑応答。すべてフランス語で進行する。日本人以外の参加者も三名。全体で一四名ぐらいいたか。全部済んでからお茶とお菓子で歓談。こうした形の研究発表はいかにも日本館にふさわしい。人文・社会科学関係の発表会もできたらよい。青春を学問研究に捧げる若人たちの家が日本館であることをよく示している。

……**三月一九日(月)**

午後三時からソルボンヌへ。パンテオンに向かうスフロ通りの地下駐車場に車を停めて、塩川徹也さんの発表を聞きに行く。エスカリエC(C階段)三階のアスコリ図書館はソルボンヌ(パリ第四大学)の心臓部とでも言うべきところだそうだが、そこでイタリアのナポリ大学の女性教授(一八世紀学者)、カナダ・ケベック州の男性教授(バルザック学者)、そして東大の塩川さん(パスカル学者)の三人が各二〇分ずつ、自国のフランス文学受容について講演する催しで、ごく内輪の発表会のようなものだった。この日朝九時に突然館長室を訪ねてきた西永良成さんも誘ったので来ている。

終わって七時から別室でカクテル。フランソワ・ルセルクル（ソルボンヌに赴任して六年目の教授）から招待状をもらっていたが、生憎午後七時過ぎに日本館に来客の予定があり、六時四五分には失礼する。トックヴィル学者のメローニオさんも聞きに来ていて、居合わせたソルボンヌの教授たちを紹介してくれる。一八世紀のシルヴァン・ムナン教授と久しぶりで言葉を交わす。太ってソルボンヌの教授らしい貫禄ができている。昔ポモー教授のゼミに出ていた頃、助手でポモーさんの隣にいつも侍っていた人だ。昨年秋の日本フランス語フランス文学会に招かれて日本に行ったときの話を聞く。

三月二〇日（火）

昼、プルースト学者の友人吉川一義と昼飯を一緒に取る。国際館のレストラン「ラ・テラス」に行ってみると、全席予約済み。丁重に断られる。仕方ないのでポルト・ドルレアンまで歩いて昨夜今村一家と夕飯を食べた同じレストランへ。吉川は今回コレージュ・ド・フランスとパリ第三大学で講義のため、一週間だけパリに来て、日本館に寄宿中。この日、午後四時半からのコレージュ・ド・フランスのアントワーヌ・コンパニオン教授の講義のあと、五時半から吉川の講義だそうだ。それで昼食のあと二時半頃いったん日本館に戻り、原稿に最後の目を通すのだと言っていたが、そのとおり、館長アパルトマンにはフランス語の原稿を読む吉川の大きな声が聞こえている。一号室は館長アパルトマンの寝室の上だからよく聞こえる。

………三月二三日 ㊎

読売の書評のゲラが届く。今回はジャン・ムーランの最新の伝記を取り上げた。ジャック・ベイナックの『推定ジャン・ムーラン』(Jacques Baynac, *Présumé Jean Moulin*)。レジスタンスの最高指導者ジャン・ムーラン最後の三年を克明に追ったこの本は、ド・ゴールの忠実な配下と見なされていたムーランが実は国内秘密軍の創設による政治革命を夢見ていた、ド・ゴール以上に偉大な政治家であったことが、豊富な新資料によって明らかにされている。レジスタンスはド・ゴールによって始められたのではなく、国内で自発的に起こったこと、ムーランはド・ゴールから信任状を受けてレジスタンスの指導に当たったわけではないこと、ド・ゴール神話はマルローのパンテオン演説などで巧妙に作り上げられたことなど、興味深い事実が発掘されている。題名は戦後四七年にペール・ラ・シェーズ墓地で見つかった骨壷のラベルに、「身元不明、四三年七月九日火葬、推定ジャン・ムーラン」とあったことから取ったという。

………三月二四日 ㊏

午後八時からソワレ・アミカル(懇親の夕べ)。一月に入って、六人のレジダンが去り、新たに同数のレジダンを迎えた。そしてコミテの中心メンバーとして若い留学生を支えてくれた根岸君が四月一日には帰国する。そんなことから企画された会だ。コミテの主催で、飲み物はコミテで用意するが、食べ物は各自持ち寄りという、これまでも何度かやった方式。みなそれぞれ工夫していろんなものを持ってくる。しゃれた手作りのサンドイッチ持参のお嬢さんもいれば、お寿司を巻いてくる人、ヴェトナム風生春巻きを作ってくる人もいる。

パエッリャもある。そのほか、多種多様の食べ物が溢れる。まさに食の文化交流だ。ただし、どれも量はそれほど多くないので、会の最初からいる人が断然有利だ。あとまで残るとは限らない。

日本館管理理事会

……三月二七日 (火)

年に一度の管理理事会が一一時半から開かれる。一一時ちょっと前に大使公邸へ。そこで北山書記官と飯村大使と三人で打ち合わせ。というより、大使へのブリーフィングのようなことをする。それから歩いて隣の倶楽部（セルクル・ド・リュニオン・アンテラリエ Cercle de l'Union interalliée）へ。本来大使公邸で開催のはずが手違いでできなくなり、急遽隣の倶楽部の会議室を借りることになった。大使公邸に隣接するこの私的倶楽部は、昨年の一二月にパリ日本文化会館の中川館長ご夫妻に招待されて一度内部を見学したことがある。一八世紀初頭に建設されたアンリ・ロトシルトの旧邸には豪華なエントランスホール、図書室、遊戯室、プール、レストラン、美しい庭園などなどに加えて、驚いたことに藤田嗣治の大壁画も二点あった。第一次大戦中の一九一七年に三国協商加盟国（仏・英・露）のために作られ、現在三千を超える会員を擁すると言う。大企業経営者、政治家、外交官、法曹界、要するにパリのセレブでないと会員になれないところのようだ。

管理理事会のメンバーは、大使が議長、パリ大学管区学長（代理として同事務総長ロンゾー女史）、ＩＮＡＬＣＯ（国立東洋言語文明学院）学長ルグラン氏（以上三名は法的メンバー）、精神医学者で元レジダンのピショー氏（この人は今回は欠席）、元国民教育省視学総監で元レジダンのラフォン氏、それにパリ第一〇大学の助教授デボルド氏（二〇〇四年に亡くなったシフェール教授の後任で地理学者）（以上三名はパリ大学管区学長の任命）、さらに中川正輝パリ日本文化会館館長、浦田良一在仏日本人会会長、石塚徹フランス日本商工会議所会頭（以上三名は大使の任命）。大学都市本部のセシル・アンドレ女史（ポシャール大学都市代表の代理のタルソ・ジルリ事務総長〔デレゲ・ジェネラル〕が所用で欠席のためその代理）、そのほかオブザーバーとして山田文比古公使、北山浩士書記官、館長の僕と会計担当のグールデル夫人、それにコミテのN委員長とK副委員長（ノルウェー人女子学生）。司会は山田公使。すべてフランス語で進行。

　大使の挨拶に続いて、館長の僕が二〇〇六年年次報告を行ったが、これがこの会議の中心議題である。質疑応答に移ると、ロンゾー女史が非直轄館問題について、基金創設の件、本部の定款案の件など、現在行き詰まっている問題に関して長々とあちら側の意見を述べる。せっかく年次報告ではさらっと触れるだけですませたのに、あからさまに対立点をさらけ出すような発言はデリカシーを欠いている。

　そもそもこのロンゾー女史は一一時半開会の約束なのに現れたのは一二時過ぎ。この人ともう一人、イナルコのルグラン学長が遅刻で、みんなでずいぶん待ったのだ。ルグラン氏に至ってはついに会議中現れず、別室の会食に移ってからやってくるという始末。秘書が夏時間を忘れていて……などという弁解は通らない。日本館を心から愛する老ピショー氏は体調がすぐれず欠席、タルソ・ジルリ事務総長も欠席、本来大使公邸でやるはずの管理理事会が直前になって隣の倶楽部に会場を移し、おまけに大幅遅刻者が二名も出るなど、しまらない会議となった。館長の年次報告、予算・決算は無事承認される。大使招待の昼食は倶楽部二階の豪華レストランで、美しい庭を見下ろしながら二時間。

……………三月二八日 水

朝のうち快晴。午後から雨が激しく降り、現在夕方六時過ぎ、曇りで少し肌寒い。

二五日の日曜日午前二時に時計の針を一時間進めて夏時間へと移行した。したがってそれまで午後七時頃に暗くなっていたのが、突然八時を過ぎないと夜にならないという事態に。気候も激しく変化した。それまで春のような暖かな陽気だったのが、一八日頃から激変して冬へと逆戻り。雪がちらつく毎日がほぼ一週間。ようやく二六日になって再び春の気配となった。

夜、待望のネトレプコのコンサートへ行く。シャンゼリゼ劇場はすごかった。ロシア生まれのソプラノ、アンナ・ネトレプコだけでなく、メキシコ生まれのテノール、ロランド・ヴィアラゾンも今一番の人気テノールだと、チケットを回してくれたユネスコ日本代表部の公使参事官今里さんの話。昨年聞いたマルタ島生まれのカレーヤ、それからジュアン・ディエーゴ・フローレスとこのヴィアラゾンの三人が現在のテノール三羽烏だそうだ。

車が修理中なのでメトロで出かける。アルマ・マルソー駅の地下道ですでに「座席探しています」の紙を掲げた人がいるぐらいだから、あとは推して知るべし。シャンゼリゼ劇場の前はもちろん、そこにたどり着くまでの道々にはチケットを買えなかった同じような人たちがたくさんこちらを向いて紙を掲げている。劇場の中はものすごい熱気、着飾った紳士淑女で溢れかえっている。アンナが姿を現しただけで、まだ歌う前からブラヴォーの歓呼。いやはや、すごい人気。その人気に負けないだけの声量と美貌と堂々たる歌いっぷり。テノールのヴィアラゾンもなかなかだ。この二人はいつも一緒で、今里君によるとプロデュース側は二人をセットにして売り出しているらしいという。

ベッリーニ、ヴェルディ、プッチーニなどイタリアものにグノー、マスネー、ビゼーのフランスもの、そしてチャイコフスキーにラフマニノフのロシアもの、サルサも加え、アンコールの最後は『ウエストサイド・ストーリー』の「トゥナイト」のデュエットと、ずいぶんサービスしてくれる。しまいには全員総立ちのいわゆるスタンディング・オベーション。昨年ミラノで観客の野次に怒ってアイーダの主役をほっぽりだして顰蹙《ひんしゅく》を買ったテノールのアラーニャも来ている。午後八時から始まって終わったのは一一時近く。人気絶頂の二人の公演に立ち会えたのはオペラ好きを通り越してオペラおたくの今里君のお蔭である。なにしろ、この二月から三月にかけてアレヴィーの『ユダヤ女』をバスチーユで三度も見たそうだから。そして今度の週末にかけて休暇を取ってチューリヒ、ミュンヘン、ミラノを回ってオペラ三昧の旅をしてくるのだそうだ。そのため、今日もこれから溜まっている仕事を片付けてきますと言って、今里君は夜遅くオフィスに戻って行った。

……… **三月二九日（木）**

午後三時過ぎ、日本文化会館からパリ第七大学のセシル・サカイと一緒にメトロで大使館文化部へ。三時半からの文部科学省の日本語・日本文化研修留学生の面接試験に行く。

この留学生試験は、フランスで日本語と日本文化を学んでいる学生を一年間日本の大学の学部へ派遣するという画期的なもので、今年は応募者一〇名と、例年より少なかったらしい。一人一五分で、午後六時過ぎまで、フランス語と日本語による面接を行う。イナルコのベルナール・トマーン、パリ七のセシル、大使館の北山書記官と助手のシャルロット、それに僕の五名が面接委員。三名ほど、かなり優れた候補者がいる。いつもながら、日本への憧れがフランスの若い人たちの間でかなり強いことを実感させられる。漫画やアニメがきっかけだったにしても、それが日本文化に対する深い関心へと結晶してゆくケースが少なくない。最終決定は東京の文部科学省で行うらしい。

……………三月三一日㊏

朝九時半から午後三時まで、びっしりと館長会議のセミナー。場所はハインリッヒ・ハイネ（ドイツ）館。九時二〇分過ぎに日本館からシテの中を歩いて向かったら、デンマーク館のカール、イギリス館のフレデリックと一緒になる。マロニエの葉がかなり出てきている。もう大分館長たちが集まって、銘々コーヒーなどを飲んだり、タバコを吹かしたりしている。見ると会場にはクロワッサンだの、パン・オ・ショコラだの、オレンジジュースだの、朝食の用意までしてあるではないか。ぐるりと正方形にテーブルが並べられ、正面背後には映写用の白幕まで垂れている。議長席にはマイクが四つほど、ほかの発言者には携帯用のマイクが用意してある。総勢四〇名近く、イタリア館のロベルトとセキュリティ担当のマイヤール氏以外はほとんど出席といった様子。

午前中は、シテの環境の変化について最初に事務総長のタルソ・ジルリ女史が約三〇分基調報告。最近の大きな変化の特徴としてレジダンの年齢が上がったこと、研究者の受け入れがますます増加していること、理工系のレジダンが増えつつあること、の三点を指摘する。そのあと、本部の予算について説明、各館が負担する共益費について資料を映像で写してセシル・アンドレが補足説明する。続いてAPOのテクセロー夫人が館長の面接調査の結果を踏まえて、各館のアドミッションの政策を四つのカテゴリーに分けてそれぞれ具体的な館名を挙げながら解説。日本館のアドミッションの政策は四番目のカテゴリー、すなわちアドミッション会議によりながら、管理理事会の方針も尊重する館に分類されていたが、同類はインド館、カナダ館、アメリカ館、イギリス館、スウェーデン館、ノルウェー館、カンボジア館だそうだ。そのほか、レジダンの大半がドクトラン（博士論文準備中の博士課程の学生）であるとして日本館の例が強調されていたし、コレージュ・ドクトラル（日仏共同博士課程）制度をアドミッションの際に重視している館としても日本館に言及していた。

テクセローの報告では、特にシテの国際化の問題、ならびにパートナー契約の問題が重視され、日本館もパートナー契約を検討中だと付け加えた。彼女の隣に座っていたせいか、なぜか日本館のことがたびたび話題とされる。午前はそのあと、パートナー契約について質疑が集中。ノルウェー館（直轄館）館長のブリンヒルトは、パートナー契約のお蔭でフランス人レジダンが減ったのは嘆かわしいと主張。議論沸騰で、一一時半終了のはずが、終わったのは一二時二〇分。

昼はどうするのかと思っていたら、洋風弁当みたいなものがちゃんと用意されていて、山積みの中から銘々取ってきて自分の席で食べる。ワインも赤・白ある。午後一時からきっちり再開。午後の部は各国館の役割、機能などの問題について、館長会議議長のフィリップ・ビゴが基調報告。特に問題となったのは、館長の責任について。直轄館はシテの管理理事会に対して責任を負う。他方非直轄館はそれぞれの館の管理理事会に対して責任を負う。したがって、直轄館と非直轄館では館長の責任の性質も違うのではないか、というのが議論の発端で、さまざまな意見が出てまとまらない。責任と言う場合、何についての責任か、また誰に対する責任か、の二つの側面を分けて考える必要がある。そのそれぞれについて、直轄館・非直轄館というカテゴリー区分がどう対応するか、を考えねばならない。長い会議だったが、終わってみればずいぶんシテのことを勉強させてもらった。

四月

菩提樹の甘い香りが

……………四月一日 ㊐

今日で日本館館長に就任してちょうど一年になる。空はあくまで青く澄み渡り、陽光はまばゆく輝き、その中を、車で郊外に散歩に出かける。人形作家大島和代さん、洋画家佐藤一郎・道子夫妻と一緒。

朝一〇時半、A6の高速道はさほど混んでいない。ヴィリエ・ル・バークルの藤田嗣治の旧宅へはA6から途中右に折れてパレゾー方面へ。パレゾーの町の中をしばらく走ってからエコール・ポリテクニック（理工科大学、国防省付属の理系超エリート校）方面へD36号線に入ると、のどかな田園風景が広がってくる。パリの五区、パンテオン近くから引っ越してきたエコール・ポリテクニックの広大な敷地を左に見ながら直進、サクレーの原子力研究所を過ぎてしばらくすると藤田旧宅のある村にたどり着く。一九六〇年から六八年まで最晩年の八年間を過ごしたこの小さな家は、表の通りから見ると二階建てだが、庭に回るとそこは谷に向かった斜面となっていて、三階建てであることがわかる。藤田死後、未亡人がエソンヌ県に寄贈し、今では県が管理する記念館となっている。昨年来三度目の訪問で、県職員の案内係とも顔見知りだ。こまごました藤田の遺品のどれもが興味深い。

ついで、またA6に戻ってグレ・スュール・ロワンへと向かった。フォンテヌブローの森を抜けてさらに南に下ると小さな川にぶつかる。西から東へ流れるこのロワン川に沿って行けば、自然とグレの街につく。ここには一八九〇年頃、黒田清輝が住み着いていた。黒田だけではない、当時パリにいた日本人画家たちはよくこの町を訪れたらしい。スウェーデンの画家たちも集まって、一九世紀末から二〇世紀初頭にかけて一種の芸術家村となっていたという。黒田が住んだ家が現存しており、近年その前の小さな路地に彼の名が付けられたので、日本からわざわざ訪ねて来る人たちがいるようになった。

　ロワン側には古い石の橋がかけられ、その橋近くの岸辺は広々とした芝生となっていて、ここから眺める町の景色は、一二世紀の塔の廃墟と古い教会もあって、確かに絵になる。コローをはじめ多くの画家たちがこの風景を描き留めている。日曜日とはいえ、街にはキャフェもなければレストランも見えない。観光客らしき人影は皆無。町の人たちが少し散歩しているぐらいだ。のどかな田舎町。帰りにバルビゾンに寄ってみる。対照的にこちらは大変な観光スポットと化している。車列と人並み。こうなっては昔の面影をたどるのは難しい。

………四月六日 ㊎

久しぶりにモンスーリ公園を散歩する。マロニエの白い花がすでに咲きかかっている。中には花開いているのもある。例によってシャンデリア形の、紡錘形の花だ。葉は日に日に大きく、緑になってゆく。美しい青空が見えている。菩提樹の葉はまだちらほら。プラタナスも遅い。パリの三大街路樹はマロニエ、プラタナス、それに菩提樹である。シテの中で藤の紫の花が咲いているのを見かける。例年より二〜三週間進行が早い。水仙も木瓜《ぼけ》も連翹《れんぎょう》も今は終わりかけ、はやチューリップの季節となっている。公園は大勢の庭師の手入れでこのように美しく整えられ、木々や草花が四季を問わずに装っている。青いつなぎのような仕事着をまとった男女の庭師がたゆみなく働いている。冬の間は止まっていた散水装置も稼動して、芝生に水を放っている。芝はところどころ掘り返されて、空気を入れているのだろう、土が見えている。

……… **四月七日（土）**

朝、アレジアの八百屋をのぞいたら、葡萄、プラム、メロンが目につく。葡萄は南アフリカ共和国、プラムはメキシコ、メロンはモロッコ産。白いアスパラガスが今を盛りと出回っている。そして、ガリゲット（garriguette）と呼ばれる苺が出ている。これも季節のものだ。フランスの苺は、見た目はおいしそうだが、固くてそのまま食べるには向かない。ところがこのガリゲットだけは比較的小さくて柔らかく、とてもおいしい。値段もひとつ高い。ガリーグ（garrigue）とは、南仏の石灰質の土壌のこと、あるいはそこに生える潅木、茂みのことを指すから南仏産かと思ったら、ブルターニュ産と書いてある。

……… **四月八日（日）**

復活祭の日曜日。快晴、一七度ぐらいか。

夕方五時半頃、モンスーリ公園に行ってみる。まだ太陽は日本で言えば午後二時半位の高さ。公園内には大勢の人たちが散歩したり、芝生の上に寝そべったりしている。その数が尋常ではない。赤ん坊や子供連れの人も多い。芝生の上でボール遊びをしたり、カード遊びをしたり、仲間連れで車座になってワインやジュースを飲んでいるグループもある。しかし日本の花見のような、無礼講で大声を上げたりカラオケ大会をしたりといった騒ぎは見られない。家族連れか友人や恋人同士で陽気に誘われて家から出てきたと言った感じだ。サングラスをしている人をたくさん見かける。

中には小さなテントを芝生に張って、その中では赤ん坊が休んでいるのだろう、そばで本を読む人もいる。誰もが公園を我が家の延長と考えているらしい。白樺も葉を出し始めた。

四月一〇日 ㊋

快晴。気温一八度。サルコジが大統領に選出されるだろうと考えているフランス人は五九パーセントに上る、という調査結果が発表される。サルコジ陣営の標語は「一緒にやれば何でも可能となる」(Ensemble tout devient possible.)。これは、場合によっては、日本でいう「赤信号、みんなで渡れば怖くない」という風にも取れないことはない。みんなでやればどんなことでも(どんな悪いことでも)できる、とは、恐ろしい発想だ。これに対して、ロワイヤル陣営のスローガンは、「公正になればなるほどフランスは強大になる」(Plus juste, la France sera plus forte.)。これはやや抽象的。社会的正義や公正さを訴えたのだが、サルコジのほうがわかり易い。

四月一三日 ㊎

朝のうちトルビアック街の美容院で散髪した帰りにモンスーリ公園を抜けた。マロニエの大木には大きな葉が出揃い、すでに白い花が咲いている。甘い香りが不意に頭上から降って来る。ライラックの紫の花もほぼ満開、公園に向かう途中のレイユ大通りの菩提樹の並木にはちょうど若葉が出始めたところで、黒々とした幹の上に薄緑色の小さな丸い葉が群生して実に美しい。四月と五月がいっぺんに来たようだ。あるいは、四月を通り越して一気に五月になったと言うべきか。

午後から、車でグルネル街のマイヨール美術館に出かける。パスキン展が開催中だ。これだけたくさんパスキンの作品を見るのは初めてのこと。デッサンがいい。インクに水彩のメキシコ旅行のときなどのものがある。後期の油絵はパスキンの一番油が乗っている頃。ぼやぼやっとしてはかなげな、なんだか子供みたいな女の像ばかり。それにしても人物ばかりよくもこれだけ描いたものだ。大きな作品はない。所蔵品の常設展示では藤田の着衣で横臥する婦人のデッサンを初めて見る。ポリアコフの油絵がたくさんあったが、ちっともよくない。マイヨールの彫刻や油絵も当然ながらたくさんあるが、ただ素通りしただけ。

……………**四月一四日㊏**

午後一時から北島OECD大使公邸でお花見のレセプション。車で出かけて内まわりペリフェリックをポルト・ド・シャンペレで降りて三〇分ぐらいで着く。車は公邸内に駐車できる。ヌイイの豪邸街。三〇名ぐらいの人数。日本人より外国人のほうが少し多い気がするが、それも大部分は英語圏の人と見える。大使も夫人もフランス語を解さない。そのかわり英語は慣れていると見えて、夫人も堂々の接待ぶり。

庭にはこぶりの桜が二本、玄関入口前には大きな桜が一本、いずれも淡いピンクの八重だ。白い壁に這わせた藤の花が見事に咲いている。大使自慢のマグノリア（泰山木）はまだこれから。アジサイもたくさんあるが、これも次回六月一一日に予定の大パーティーの頃、見頃になるとか。

庭の一画にバーベキューのセットが用意してあり、子羊と牛肉、海老にイカ、帆立貝、しいたけ、ピーマンを焼いてくれる。日本風の胡麻入りの焼肉のたれがたっぷり。邸内には飲み物コーナーがあり、シャンパン、赤ワイン（クロ・ド・ブージョとサン・テステフ）が用意してある。また別の部屋にはちらし寿司、各種前菜・サラダ・生ハム類、フォワグラのゼリー寄せ、中華の揚げ春巻きやシュウマイもある。庭にはあちこちにテーブルと椅子が用意され、好きなところに腰を下ろして食事し歓談できる。客も少なくゆったりしてとても具合がよい。話題はもっぱら大統領選。

……………**四月一五日㊐**

ル・モンド紙によると、最新の世論調査はサルコジ二六パーセント（一パーセント減）に対して、ロワイヤル二三パーセント（二パーセント減）、バイルー二一パーセント、ル・ペン一五パーセントだそうだ。対して残り八名の候補はいずれも四パーセント以下。第二回投票ではサルコジ五一パーセント（一パーセント減）に対してロワイヤル四九パーセント（一パーセント増）。二〜三日前、ミッテラン時代の首相だったミシェル・ロカールが社会党（ロワイヤル）と中道派（バイルー）の連合を呼びかけたが、今日のル・モンドによればジョスパン内閣の保健大臣ベルナール・クシュネールも連合を、それも第一回投票からの連合を主張したとある。ロワイヤルとバイルーの連合ということは、第二回投票では第一回投票で残ったほうに三位となったほうが味方してサルコジを追い落とすという戦法かと思いきや、第一回投票から連合と言うことは、どっちかが最初から下りることを意味するわけだから、どちらも乗ってこないだろう。クシュネールは最近ロワイヤル陣営の選挙キャンペーン委員会のメンバーとなったらしい。投票まであと一週間、社会党と中道の選挙協力が焦点になる気配。

午後二時半からメトロでバスチーユにオペ

ラを観に行く。シャルパンチエの『ルイーズ』。一九〇〇年オペラ・コミック座で初演のフランス版ヴェリズモ・オペラとプログラムの解説にある。第二バルコン正面二列目のいい席。開演直前の携帯電話のスイッチを切るようにというアナウンスはフランス語、英語、ドイツ語、そして日本語の順。パリにおける日本のプレザンスが意識される瞬間だ。

お針子のアトリエの場面—途中で詩人ジュリアンのセレナードが聞こえてくる場面—が一番面白かった。三幕冒頭でルイーズが歌う、このオペラで一番有名なアリア「その日から」(Depuis le jour où je me suis donnée…) の場面は、モンマルトルのアパルトマンの屋根の上、赤いワンピース姿のルイーズが屋根に横になって歌う。総じて演出は綺麗だが、曲となるとあまり感心しない。これほど深刻な父と娘の対立をあからさまに描かれると、どうにもやりきれない。この父親の悩みに共感する人は今日ではあまりいないのではないか。そもそもなぜルイーズがこの詩人と一緒になってはいけないのか、そこがいまひとつわからない。娘の幸せを願って……というのはあまりにもひとりよがり。もっとも、父親役のホセ・ファン・ダムの歌唱はいつもながら素晴らしかった。シャルパンチエはマスネーの弟子だそうだが、このオペラが初演から半世紀の間もてはやされた理由がわからない。友人のプルースト学者吉川一義によれば、プルーストはこのオペラについてただひとこと、「『ルイーズ』、シャルパンチエの馬鹿馬鹿しいオペラ」とのみコメントしているそうだ。さもありなん。

バスチーユからサン・ミッシュまで歩く。二七度を越える暑い一日。

……四月二一日㊏

大統領選の選挙運動は今日午前〇時で終わった。直前に公表された最新の調査結果によると、サルコジ二六・五パーセントに対してロワイヤル二五・五パーセント、三位に初めてル・ペンが入って一六・五パーセント、バイルーは一六パーセント。

フランスの選挙は日本と比べて実に静かだ。マルシェなどで各派の選挙運動員がビラ配りをしているが、街頭宣伝カーで走り回って演説をしたり候補者が手を振ったりという風景は一切見られない。スピーカーを使って大音量で連呼するという日本式選挙とはずいぶん違う。

夕方四時過ぎから大サロンにて経済学の大学院生でコミテ（居住者委員会）のプレジダン（委員長）を務めるN君の研究発表を聞く。社会科学高等研究院（EHESS）のロベール・ボワイエらのレギュラシオン理論を一九九〇年代の日本と米国に実地に適応して分析した、といった感じの発表で、九〇分間、フランス語の原稿を読み上げる。司会は仏文の大学院生Nさん。一五名ほど参加したが一名ギリシア人女子学生がいたので司会も質問もフランス語。ときたま日本語も交えて行われる。多数の図表類をパワーポイントを使って説明。日本館のもっとも日本館らしい催しである。N君の発表を機に社会科学関係の発表が今後増えればよいのだが。

……四月二二日㊐

大統領選の第一回投票の日。夜七時頃からテレビ各局では特別報道番組を組んでいる。異常な投票率の高さが昼間から報じられていたが、最終的には八四・六パーセントの人が投票した。前回二〇〇二年の大統領選では棄権が二八・四パーセントもあったのだから今回は驚きの高投票率だ。有権者総数四四五〇万人、前回選挙より三三〇万人も増えたらしい。結果はサルコジ三一・一一、ロワイヤル二五・八三、バイルー一八・五五、ル・ペンは意外にふるわず一〇・五一パーセント。ル・ペンの票がサルコジに流れたと考えられる。それ以外の候補では若いトロツキストのブザンスノが健闘して四・一一、共産党のマリー・ジョルジュ・ビュッフェは二パーセントにも届かず（一・九四）、共産党の解党あるいは少なくとも内紛が大いに予想される。五月六日の第二回投票に向けて、サルコジ、ロワイヤル両陣営は中道の七百万近いバイルー票の奪い合いを演じることになるだろう。

……………**四月二三日（月）**

パリの街々で桐の紫の花が咲き出したのを確認。今年はなんと季節の巡りが早いのだろう。

一八時からソルボンヌで塩川さんへのメダル授与のセレモニーに招待される。RERのB線に乗ってリュクサンブール駅で下車。サン・ジャック街に面した入口からソルボンヌの建物の中に入ってG階段で二階へ。学長のサロンで授与式とレセプション。ピット学長は前から面識のあるワイン研究家、奥さんの料理研究家の戸塚さんも愛想よく出迎えてくれる。来ていたのは全部で一五名ぐらい。ソルボンヌの教授やその奥さんと言った人たち。日本人では僕と北山書記官の二人だけ。シルヴァン・ムナン教授の挨拶、ピット学長の挨拶とメダル授与のあと、塩川さんのスピーチ（答礼）、そしてワインで乾杯。白はジュラ地方のヴァン・ジョーヌ（黄色のワイン）のような銘柄の辛口ワイン、赤はブルゴーニュのアロース・コルトン。学長室を見学させてもらう。ピット夫妻はまた別のレセプションがあると言って先に退室。

七時半近くなって、ヴォルテール学者のムナン夫妻、パスカル研究の泰斗で学士院会員のジャン・メナール教授、その後輩のパスカル学者フィリップ・セリエ教授、そのさらに後輩のパスカル研究者フェレーロル教授夫妻が最後まで残り、一緒に歩いてサン・ミッシュまで行く。サン・ジェルマン通りに出て九六番のバスでマレー地区のサン・クロード街まで。そこに予約してあったのは、私的倶楽部のようなレストラン。というより、そこはまるでレストランらしからぬ空間。ビルの七階で南向きにテラスがあり、北向きにも大きな窓があってまことに見晴らしのよいこの空間には、オープンキッチンとガラス製のテーブルに腰の高い椅子、ソファー、大きな冷蔵庫などがしつらえられ、床は一面板張り。日本人の料理人二人に主人が一人。

八時に到着、しばらく歓談して店の紹介者の岡真理子さんを待ってから食事に移る。このソワレは、お世話になった人たちを招いての塩川さん招待の晩餐会。和風の料理で日本酒を飲みながら二時間歓談する。大先生たちはタクシーで帰ったが、塩川さん、岡さん、フェレーロル夫妻と僕はメトロで帰宅。午後一一時頃帰り着く。大統領選で話に花が咲いたが、ソルボンヌのフランス文学の教師たちはバイルーでなく、みな、ベイルーと発音している。

……… **四月二七日** ㊎

午後、カルティエ・ラタンのソルボンヌの筋向かいの本屋コンパーニュへ。ポール・ヴェーヌの『われらの世界がキリスト教になった時（三一二−三九四）』（Paul Veyne, *Quand notre monde est devenu chrétien*）を買って、シテの郵便局から読売新聞の松本氏に発送。書評に本の表紙の写真を載せるので毎回同じ本を一冊日本に郵送しなければならない。

今度の書評で取り上げるのは、ヴェーヌの近刊書（二月二八日刊行）。文化部記者の松本さんからは、もう少し軽い本をとか、肩の凝らない本をとか注文を受けるが、いつもこういう思想史系の本になってしまう。紀元三一二年一〇月、ローマ皇帝コンスタンチヌス一世がキリストの組み合わせ文字（クリスティ＝ギリシア語のXとP）の幻と「これにて勝て」なるギリシア文字を夢に見て兵士たちの楯にこのしるしを描かせてミルヴィウス橋の戦いで勝利を収めた有名な逸話があるが、これがきっかけとなったコンスタンチヌス大帝の改宗がヨーロッパのキリスト教共同体誕生の根源にあるという、いわば西欧世界のアイデンティティの起源を解明した書物。こんな昔の夢のような話（いや、実際夢に見た話だったともいうが）、しかもこんな難しい内容のものが実に平明な言葉で書かれて二〜三週間前からベストセラー入りしているのは驚き。もっともこの本については、ローマの古代ローマ史研究家ヤン君が三月はじめにパリに来たとき熱心に語っていたから、インテリはすぐに注目したものと見える。

ヴェーヌという歴史家は古代ローマ史の大家で今ではコレージュ・ド・フランスの名誉教授だが、レイモン・アロンの推薦でコレージュ・ド・フランス入りしたらしい。ところがルソン・イノギュラル（就任講義）でアロンに対する礼を述べなかったためアロンに憎まれて、その後は徹底的にいじめられたのだそうだ。学者の自尊心もなかなか手に負えない。

……四月二八日㊏

昼前、ロワイヤルとバイルーの討論がパリのホテルで行われる。サルコジ陣営の妨害があったらしいが、なんとか実現に漕ぎ着け、紳士的なやりとりに終始して両者の一致点と相違点を明らかにした。中道と社会党では多くの共通点があったが、特に経済問題では折り合わなかったようだ。ロワイヤルはもし協力すれば閣僚ポストを提供する、というようなことは一切匂わさない。この討論でロワイヤルが得点を得たとする世論は七〇パーセントを超えた。しかしながら、現時点でサルコジが第二回投票で勝つと予測するものも七〇パーセントを超えている。

……四月二九日㊐

私の還暦の誕生日。娘たちからカードとメールが届く。八三歳になる母からもメールあり。人生これからだと、励まされる。夜、画家の赤木夫妻と音楽家の矢崎彦太郎・渡辺篤子夫妻の知人夫婦二組招いて夕食。篤子さんからちゃんちゃんこならぬ絹の赤いセーターをもらう。

パリにおける日本のプレザンス

……四月三〇日㊊

夜八時から、九区キャプシーヌ大通りのオランピア劇場へ〝トムヤ〟のリサイタルを聞きに行く。車で七時過ぎに出て、オランピアのすぐ脇の駐車場へ。三〇分ほどで着いてしまう。

トムヤというのは日本人男性歌手の名前。

本名は知らない。袴みたいなだぶだぶのズボンに黒メガネで登場。シャンソンや日本の歌をジャズ風に歌う。昨年暮れにも一度聞いてもういいと思ったのだが、サブレの息子のこれまた日本学をやっているクリストフからチケットをもらって行くことにしたのも、実はトムヤより、オランピアという劇場を見てみたかったから。なんのことはない、要するに新宿のコマ劇を一回り小さくしたようなもの。もっとも、コマ劇には一度も入ったことはないのだけれど。

トムヤは三〇代後半、あるいは四〇代になっているか、青年らしい風情ではない、髪も薄くなり、なんとなくおっさんぽいところがある。颯爽としてもいなければ美男でもない。にもかかわらず、フランス人のミュージシャンの友達がたくさんいるらしい。音程はふらふらしているし、高音が響かず、ピアノやギターの伴奏楽器に消されて客席まで声が届かない。フランス人が演歌を歌っているのを想像してみればいい。少々発音が悪くても、そのひたむきな歌い方だけで、演歌を歌うほど日本が好きなのだと実感するだけで、微笑ましくなってしまうではないか。歌の上手下手の問題以前に、トムヤはフランス人たちから愛されている。そしてエンターテナーとしての才能もかなりあるらしい。音楽的には少しも感心しないが、若者を乗せるすべを心得ている。

しかしそれより、トムヤのコンサートではパリとフランスにおける日本のプレザンス(Présence du Japon à Paris et en France)ということを考えさせられた。こうしたテーマのひとつの素材になるのではないだろうか。日本の歌手がオランピア劇場で歌う。フランスのシャンソンをフランス語で、そして日本語でも、歌う。日本の童謡や歌謡曲も日本語で歌ってしまう。それをフランスの若者が熱狂して聞くのだ。

　一九九〇年代のバブルの崩壊以降、パリにおける日本企業の相次ぐ撤退という現象が一方にある。昨年四月以来パリに住んで韓国人、そして中国人の存在の日増しに大きくなるのを実感する。中国人の観光客が大挙して押し寄せる。対して、日本人学校の生徒数は減少の一途をたどり、今年はついに小・中合わせて二百人ちょっととなってしまった。しかし他方日本のフランスにおけるプレザンスは決して衰えてはいない。それどころではない。ますますプレザンスは目につくといってよい。どこの劇場でも開演前に観客に携帯電話の電源を切るようアナウンスがあるだろう。バスチーユのオペラ座ではまずフランス語、次に英語、そして（ときにドイツ語を挟んで）日本語でアナウンスが行われる。観客はほとんどがいわゆる白人だ。顔の黒い人あるいはアラブ人らしい人は僕の経験ではほとんど見ない。ところが東洋人では日本人の観客が毎回かなりの数、見受けられる。日本語のアナウンスがあるということ自体が、オペラ座における日本人のプレザンスを立証しているのだ。

　日本学の隆盛を考えよう。田中基金の審査に候補として登場する論文や著作の水準の高さ、あるいは渋沢・クローデル賞候補作の目を見張らせる水準、さらに日本の小説がことごとく——漱石、谷崎から吉本ばななや村上春樹に至るまで——翻訳されていることをちょっと思い出してみればよい。日本研究フランス学会という学的機関の活動も活発だ。フランスの大学に日本語学科が増えつつあること、学生数も増えていること、それと並行して、日本語教師の数も増大し、フランス日本語教師会の活動の活発なこと、日本政府の留学生試験やJET派遣留学生の受験者数の多いこと。そして一〇年前にできたパリ日本文化会館の存在。これこそ、大使館文化広報センターと並んで、日々日本文化の発信に努めて日本のプレザンスの増大に貢献している代表的機関だ。今年の一月から三月にかけて、小津安次郎の全作品を二度ずつ上映して好評だった。近々深作欣次郎の二四作品を一挙上映する。

翻って考えてみれば、この大学都市の日本館もパリにおける日本のプレザンスに貢献したもっとも古い施設のひとつと言ってよい。一九二九年、シテができて四年目に創設、シテの建物として六番目の古さを誇る日本館。中近東以外のアジアの国で大学都市にナショナルな館を運営しているのは、インドと日本だけだ。東南アジア館やカンボジア館という名称の館は存在するが、いずれもパリ大学の直轄館である。アルジェリアと並んで中国と韓国が近い将来参入することが決まっているが、長い間日本館こそ日本のプレザンスをフランスでアピールするチャンピオンだったと言ってよい。

最近も吉川がコレージュ・ド・フランスで講義し、塩川さんがソルボンヌで二カ月間客員教授として教えた。フランス文学以外にも、パリに招聘される日本人学者の存在は増大していることだろう。ユネスコ事務総長は松浦元駐仏大使だ。パリには寿司屋が至るところに存在する。醤油やみりんも多くのスーパーで置くようになった。そもそも、日仏の正式な交流が始まってまだたかだか一五〇年だ。一六一五年に支倉常長を団長とする第二回遣欧使節がスペインからローマに向かう途中嵐のためサン＝トロペに上陸した記録があるそうだが、実際の交流は一八五八年の日仏友好通商条約に始まる。そして一八六七年と七八年のパリ万博で陶磁器などの伝統的な日本の物産がヨーロッパ中の人たちに大きな印象を残して美術史上のいわゆるジャポニスムを生み出したのはよく知られている。マンガはフランスの若者たちの文化となった。パリには漫画喫茶さえ存在する。フランスの若者が日本の文化に最初に接するのはマンガを通してなのだ。トムヤのオランピア公演はこうした文脈の中で考えてみる必要がある。歌の技量の問題ではない、トムヤがオランピアで公演できたということ自体が、パリ、そしてフランスにおける日本のプレザンスを象徴するひとつの事件だったと言える。

五月

五月一日 火

メーデーの祝日、街角にはすずらんを売る人たちが見られる。マロニエはすでに散りはじめた。桐の紫の花も同様。ライラックもすっかり散ってしまった。まもなく菩提樹の黄色い小さな花が咲くだろう。

パリの街では一一時頃から三箇所で大規模なデモ。FN（国民戦線）のル・ペンがジャンヌ・ダルクを祝うFN恒例の集会でサルコジもロワイヤルも支持せず、広範に棄権するよう支持者に訴えたというニュースが入る。

夕方五時から、大学都市のすぐ隣のシャルレッティ競技場で大規模なロワイヤル支援集会が予定されていたが、お昼過ぎから早くも続々と支援者が詰め掛ける。主催者によれば参加者六万人。政治集会なのか音楽集会なのかわからない。というのも、好天の祝日に加えて、ジョルジュ・ムスタキやヤニック・ノアと言ったセゴレーヌ支持派の歌手たちが歌うので、ピクニック気分で支援者が集まったからだ。ジュールダン大通りは交通止め、トラムも通らない。スダンドに入りきらない支援者たちはトラムの軌道の芝生に群がって座り込み、軌道を占拠した形だ。ジャンダルムリー（憲兵隊）の車両がずらりと並び、ソーセージや揚げジャガイモを売る、日本で言えばテキヤたちの車も続々終結して、昨年六月の国際サッカー大会決勝戦の仏伊戦を上回る熱気に大学都市周辺は包まれる。いよいよ明日二日午後九時から、大統領候補二人のテレビ討論となる。一九九五年以来のことだとか。大統領選も大詰めを迎えてきた。

五月二日 水

午後九時から大統領候補二人のテレビ直接討論。TF1とフランス2の二局同時放映。

予定を大幅に超えて午後一一時三八分まで続く。この討論で際立ったのはロワイヤルの攻撃的態度。それに対してサルコジは「借りてきた猫のように」おとなしかった。フランスが徹底した言論の国であっても、今回の討論の印象ではサルコジのほうが落ち着いた大人の印象を与えただろう。執拗でヒステリックな印象を与えたロワイヤルには、むしろ不利になったのではないか。

……五月三日(木)

昨日のテレビ討論の話題でニュースは持ちきり。新聞などの報道では、サルコジは負けなかったが、攻勢に出て終始討論を引っ張ったセゴレーヌの勝ち、とのこと。しかしこの見方は甘いのではないか。もっとも、第一回投票で一九パーセントを獲得して第三位だったバイルーは、昨日の討論を聞いたあとで、私はサルコジに投票するつもりはないと明言したそうな。ただし二〇名を越えるバイルー派の議員の大半はサルコジ支持を表明しているのだが。

……五月四日(金)

案の定、テレビ討論後の世論調査ではサルコジの優勢が一層明らかになった。五四パーセント対四六パーセントでサルコジの勝ち、と出ている。もっと大きな差を予想する世論調査もある。ロワイヤルの勝利は難しいと見た。予想以上の大差で負けるのではなかろうか。

……五月五日(土)

風が強く、寒い一日。部屋には暖房が入った。シテのマロニエの木に小さな実がついているのを見る。スイス館の入口脇の枳殻《からたち》にも小さな丸いビロードのような（マリモのような）緑の実がたくさんついている。

サルコジ、大統領となる

……五月六日 ㊏

大統領選投票の日。全国の投票所は人口千人にひとつ作るのが原則だと、これはクロードの話。

午前中シテの中を散歩する。スペイン館の角にある二本の桑の木に固い小さな青い実が無数についている。これが熟すとたくさん下に落ちて、道は真っ赤に染まるのだ。

午後二時半からバスチーユでオペラ。RERでダンフェールまで出て、メトロ六号線でイタリア広場まで出る。そこから今度は五号線でボビニー方向へ。二度乗り換えてバスチーユまで三〇分ほど。この路線が気持ちよいのは、六号線も五号線も途中から地上に出て高架を走るからだ。パリの街がよく見える。イタリア広場からはちょっと地下を走ってすぐに上に出る。サルペトリエール病院からオーステルリッツ駅に向かう間、ロピタル大通りを見ると、にせアカシアの並木に白い花が咲き出しているのに気づく。甘い蜜の香りを漂わせるアカシアの花の季節。

ヴェルディの『シモン・ボッカネグラ』は、期待したにもかかわらず現代風の演出でまったく興ざめだった。一四世紀のジェノバの海賊の話をなぜこんな風にしてしまうのだろう。潮の香りのする舞台のはずが、背広にネクタイの男たちがやり合うのでは、台無し。バリトンが美しいビロードのような音色を聞かせてくれた。ロンコーニの指揮もよかった。アメリア・グリマルディ（実はシモン・ボッカネグラの娘マリア）が身の上を明かす場面のソプラノもよい。しかしそれ以外あまり収穫なし。プルミエ・バルコンのやや左より、前から四列目のいい席で聴く。

六時半、帰宅。TF1では六時五〇分から、フランス2でも七時二〇分から報道特別番組が始まり、ずっとテレビに釘付け。パリなど大都市では午後八時に投票締め切り。国営テレビフランス2では八時半、すでに五三パーセント対四九パーセントでサルコジが次期大統領に決まったと報道。ロワイヤルがラテンアメリカ会館の自陣営の集会でこれを受けてすぐに敗北を認めたのには驚いた。開票は投票締め切りを待って一斉に始まる日本とはどうも様子が違う。こんなに早く結果を出すには、早くから少しずつ開票を進めていたに違いない。大方の予想どおりの結果となった。最終的にはサルコジ五三・〇六パーセント（一八九八万票あまり）、ロワイヤル四六・九四パーセント（一六七九万票あまり）、結局二百万票の差は埋まらなかった。ちなみにバイルー票の四〇パーセントがサルコジ、三八パーセントがロワイヤル、一五パーセントが棄権。またル・ペン票の六三パーセントはサルコジ、二〇パーセントが棄権（ル・ペンの呼びかけにもかかわらず、大量の棄権とはならなかった）、ロワイヤルへはわずかに一二パーセントが流れただけ。あとは延々夜中までサルコジ陣営の勝利の大集会をコンコルド広場から中継。左派は一九九五年、二〇〇二年に続いて三連敗だ。これでフランス社会もアメリカのようになってしまうのだろうか。

……………**五月八日**（火）

新大統領に当選したばかりのサルコジが大金持ちの実業家の提供するジェット機で地中海に飛び、マルタ島沖に停泊中の豪華ヨット上で家族水入らずのヴァカンスを過ごしているらしい。大統領選挙中から、終わったら修道院に入って静養するなどと言っていたのだが、開票の翌日行方がわからなくなり、コルシカに潜伏したという情報が飛んでジャーナリストはみなコルシカに集結。ところが結局行った先はマルタ島だったというわけで、大騒ぎをしている。浮かれ過ぎ、傲慢、これ見よがし、財界との癒着、などなど、批判が噴出。これぞサルコジ流。パリでは第二次大戦戦勝記念日でシラク大統領が最後のお勤め。

五月一〇日(木)

昼前からリュクサンブール公園で行われた奴隷解放記念の式典にシラクと一緒に出席するため、サルコジは昨晩急遽マルタからパリに戻った。もともと出席しないはずが、批判が響いて翻意したのだろう。サルコジを支持したはずの哲学者フィンケルクロートが今回のサルコジのヨット休暇を手厳しくル・モンド紙で批判している。「三日間、彼はわれわれに恥をかかせた」と。しかし、恥をかかせるようなことをする男を支持したご本人の不明は一体どうなるのだろうか。

五月一一日(金)

中道派のバイルーは第一回投票直後には大いに人気が上がったが、その後、彼の党の国会議員二九名中二三名が第二回投票でサルコジ支持に回るなど、離反。さらにこの離反組がサルコジに近い新しい党を作る動きが表面化して、すっかりバイルーの影が薄くなった。バイルーは六月の国会議員選挙に向けて新党〈民主党〉旗揚げの構想を表明していたのだが、どうなるのだろうか。第二回投票でも誰に入れたか明かさないまま。

サルコジにジェット機とヨットを提供した実業家は、実はサルコジが内務大臣当時政府関係の仕事を請け負っていたことが判明し、実業家とサルコジの黒い癒着がいよいよ問題となりそうな気配。

反サルコジを標榜してストライキを決議し一三区のトルビアック街の校舎を封鎖したばかりのパリ第一大学の学生たちが、当局の強硬姿勢に怯えたのか、封鎖を解除してしまう。こちらはこちらで意気地がないというか、拙速のお粗末。

……………**五月一六日 ㊌**

新旧大統領の権力委譲の儀式をテレビで見る。サルコジは精力的に動いている。午後はブーローニュの森でゲシュタポに銃殺された三五名のレジスタンスの犠牲者を弔う式典に出席。マックス・ガロが悼辞を述べ、コミュニストのレジスタンス闘士で、一七歳で銃殺されたギー・モケが家族や友人に宛てた最後の手紙の朗読がリセの少女によって行われたあと、サルコジの挨拶となって、彼はこのギー・モケの手紙を新学年最初の日にすべてのリセで朗読することにしたいと提案。さっそく、新大統領の最初の決定、と報道される。こんなことを大統領の一存で決めてよいのだろうか。明日の組閣に向けて、大臣候補者の噂が尽きない。

ブルゴーニュへの旅

……………**五月一七日 ㊍**

アサンスィオン（昇天祭 ascension）の休日である。朝から雨のところ、七時に車で日本館を出発して、オーセールへ。パリから南へ一七〇キロ。北ブルゴーニュへの一泊旅行だ。

連休初日にしては道は比較的すいている。ところがA6号線の一九番出口で降りるべきところ、二一番まで行ってしまい（ここはヴェズレーに向かう場合の出口）、二〇番まで引き返してそこからオーセール経由で、オーセール南西五〇キロほどの小村サン・ソヴール・アン・ピュイゼへ。時間的ロスで、予定より遅れてちょうど一〇時に着く。

一〇時半にコレット美術館前駐車場でオータン（パリの南東三一〇キロ、フランス中東部の古都）からバスで来た高橋久雄さんの一行三五名ほどと合流。高橋さんは壁画修復家の著名人でオータン在住、かの地で日仏文化センターなるものを主催している。サン・ソヴールが女流作家コレットの生まれた村とは来るまで知らなかった。

美術館で一時間半ほど、そのあと、近所のピザ屋で一行と一緒に賑やかに食事。クロードとそのお母さんのフランソワーズも一緒。

午後はサン・ソヴールからさらに南西五キロほどのムーティエ・アン・ピュイゼへ。高橋氏が一九八五年から一〇年以上をかけて修復した壁画のあるサン・ピエール教会を訪ねる。ロマネスクの古い教会はもともとアイルランドの司祭が七世紀に建てた僧院だったそうだ。アイルランドからローマへの巡礼の経由地としてこのブルゴーニュの寒村は中世にはずいぶん栄えたらしい。七世紀になって北アフリカのムーア人（イスラム教徒）たちがやってくると、修道僧たちは北のオーセールのサン・ジェルマン僧院に避難した。ずいぶん昔の話である。荒れ果てていた教会は高橋さんの努力で今から一〇年前に壁画がよみがえり、今ではこれを見に訪れる人たちのお蔭で小さな観光地となっている。

四時過ぎ、一行と別れて、オーセールへ。

途中トゥーシーなる町を通ったが、ここは一九世紀の辞書で有名なピエール・ラルースの生地だとか。広場の銅像に敬礼する。

新旧首相の引き継ぎがマティニョンで行われる。首相は噂どおりフィヨン。

……五月一八日㊎

雨が上がり、午前中、オーセールの町を見学。聖エチエンヌ〔ステパノ〕に捧げたゴチックの壮麗な大聖堂と、その後ろのオーセールの聖ジェルマンに捧げた僧院（こちらはロマネスクからゴチックへの移行期）、どちらも素晴らしい。特に後者には九世紀に作成されたフランス最古の教会壁画が保存されている。オーセールの聖ジェルマンという聖人はオーセールで三七八年頃生まれてラヴェンナで四四八年に亡くなった人で、時の教皇からグレイト・ブリテンに派遣されてペラギウス派と戦ったそうだ。現在のパリのサン・ジェルマン教会を創建した聖ジェルマンとは別人。こちらはオータン近郊で四九六年頃生まれて五五五年にパリ司教となり五七六年にパリで没しているから、オーセールの聖ジェルマンより一世紀以上も後の人。

ヨンヌ川から見たやや高台のオーセールの町が美しい。周りは丘陵地帯。オーセールには遥か昔、一度何かの帰りに立ち寄ってちらっと大聖堂のタンパン（教会の扉の上の三角または半円の壁）を見たような気がするが、こんな風に街の中を散策するのは初めてのこと。オータンは聖ラザロに捧げた聖堂、たいしてヴェズレーは聖マグダラのマリアに捧げた聖堂を持ち、ブルゴーニュの二つの町は信仰のうえでも商売のうえでも競っていたというが、さらに北のオーセールもこの二つに劣らず信仰の厚い土地であったらしい。今に残る立派な教会や僧院がそれを雄弁に物語っている。
昼過ぎ、オーセールをあとにして東へ二一キロのシャブリへ。一面の葡萄畑を縫って街に着く。平坦な町にはたいしたものはない。試飲させるカーヴとレストランからなっている。シャブリから北西一〇キロほどのポンティニーには素晴らしい僧院があった。フォントネーの僧院と同じくシトー派修道会のこの僧院は、ロマネスクからゴチックへの典型的な移行期を示し、天井はすでにかなり高いが建物は細長く、大きく、明るく、広々として、実に美しい。立ち寄ってほんとうによかったと思えるところだ。こんな田舎町のこんな変哲もない畑の中にこれほど見事な僧院があるとは。

これも同じく美しい大聖堂のあるブルゴーニュの玄関口サンスを経て、夕方五時にパリに戻る。天気はようやく回復。一八度ぐらい。

夕方四時半から新内閣の陣容が発表となる。その模様を午後八時からのニュースでたっぷり見る。首相はサルコジと親しい実務家肌のフィヨン。なかなかの男前だ。今回の内閣で世間を驚かせたのは第一に閣僚の数を半減して一五名に絞り、しかもそのうち七名を女性にしたこと。フランスは国会議員に占める女性の割合が一〇パーセントに過ぎず、他の欧州諸国に比較してかなり遅れているが、それを一気に挽回しそうな勢い。第二に、左翼を切り崩して閣内に取り込んだこと。外務大臣には予想どおりクシュネールが就任したが、彼は先の大統領選でセゴレーヌを支持して運動した、れっきとした社会党員だ。ノーベル平和賞を受賞した「国境なき医師団」の創始者で人道的介入権の概念を作り、コソボの国連管理の責任者、フランスでは二度大臣となるなど、国民的人気のある人物。ブッシュのイラク戦争を人道的介入の立場から擁護した点で、サルコジが親近感を抱いたのに違いない。社会党は当然除名措置を取ると、オランド党首。党首の首のほうが持たないかもしれないのだが。ロワイヤル・オランド夫妻の三〇年来の友人でエナ（ENA、国立行政学院）の同輩の高級官僚ジャン・ピエール・ジュイエと、社会党員でありながらサルコジ陣営で選挙運動を行いロワイヤル女史をはじめとしてみなから〝裏切り者〟呼ばわりされた元全国書記エリック・ベッソンの二人も閣外大臣として任用されるなど、サルコジの巧みな技に左翼はさんざんだ。サルコジ陣営の広報担当でアラブ系の四一歳の弁護士タチも法務大臣。前国防大臣で一時大統領を目指したアリオ・マリー女史は内務大臣。バイルー派だったエルヴェ・モランも国防大臣に任用されるなど、中道も切り崩された。反対派を取り込んだ代償として、論功行賞に与れなかった大臣待望派のサルコジ支持者たちの不満は大きいだろう。

五月二〇日 (日)

朝から小雨。ほとんど一日中、降ったり止んだり。一六度ぐらい。肌寒い。

昼前、車でセーヌ河に面したケ・ブランリーのブランリー美術館へ。シテから二〇分ほど。昨年六月に開館したシラク前大統領肝いりの美術館。アフリカ、南太平洋、南北アメリカ、そしてアジアの文化遺産を展示紹介する多文化共存的意図を持った施設。ユネスコのモットーでもある文化的多様性を視覚的に訴える試みで、要するに何があるかといえば、生活用具から武器、宗教的儀式の用具、楽器、布、衣服、彫刻、絵画、土器、食器、装飾品など、ありとあらゆるもの、木製のものもあれば貝殻、布製のもの、骨や土でできたものなど、びっくり箱をひっくり返したよう、という形容がどこかの紹介記事にあったけれど、子供が喜びそうな、こまごましたものから大きなものまで、いっぱい。事実、子供連れの人が大勢いる。
　建物はくすんだ赤の概観、ゆったりしたスロープ状の通路を上りながら展示会場にたどり着くが、全体的には概してちゃちなプレハブ風の印象だ。

……**五月二六日（土）**

昼過ぎ、モンスーリ公園を抜けてグラシエール街のマルシェへ。鴨たちの雛を期待したがまだ雛の姿は見えない。その代わり別の鳥がかわいい雛を連れて地上を歩いているのに遭遇。マルシェ（青空市場）にはびわ、アブリコ（杏子）が山と積まれている。サクランボもどんどん値を下げて、キロ六ユーログらい。メロンなどもたくさん出ている。アルティッショー（朝鮮アザミ）が旬らしい。緑色の生のアーモンドも出回ってきた。魚屋には鮪、そして鰹が見られる。これも季節のものなのだろう。花屋にはピヴォワンヌ（牡丹）がたくさん。これも季節のもの。菩提樹にとうとう花がついた。

……**五月二九日（火）**

今日も肌寒い。朝一〇時半、新しい国立図書館（BNF）脇のパリ第七大学の新キャンパスにアニック・ホリウチ教授を訪ねる。トルビアック通りを真っ直ぐ行くと自然に着いてしまう。シテから一五分もあればいい。BNF地下の駐車場に車を入れて、さて、教えてもらったとおり工事中の新キャンパスへ。七割がた完成しているのではなかろうか。七区のジュシューのキャンパスに比べれば、場所柄は一三区の外れで場末だが、BNFが移転して再開発が進んだなかなかいいところのように見受けた。

約束より一〇分ほど遅れてC棟四七六C号室のアニックのところへ。日仏修好一五〇周年記念の日本館の催しについて相談に乗ってもらう。「日本学の現在」と題して、連続講演会を企画している。それで講師の人選について助言してくれる。二〇〇八年三月から一一月まで、途中七・八月は休んで、毎月末に一人、合計七名にリレー講演をしてもらう。そして一二月中旬に講演者全員で締めくくりの討議。古典文学、近現代文学、宗教史、社会学、政治学から各一名、歴史学から二名で、合計七名。まとめの司会はアニックもしくはジャン・フランソワ・サブレに頼むことに。七名が引き受けてくれるかどうか、それはまだわからない。企画の趣旨と依頼状を仏文と和文で作成し、アニックにチェックしてもらうことにする。

ついで、もうひとつの企画「日仏交流史における日本館と日本人留学生」と題した単発講演。これについては、アニックのお父さんのなだ・いなださんに聞いてくれるとのこと。来週パリに来るそうだ。「一九五〇年代の日本館」と題して、都合のよいときに講演してもらうことに。そういうことなら、なだ・いなだ氏を皮切りに、たとえば二宮正之さんとか海老坂武さんあたりに、「私と日本館」という共通のテーマで講演してもらっても面白いかもしれない。予算がないのでわざわざ日本から来てもらう交通費がない。したがって、パリに住んでいる二宮さんのような人か、海老坂さんのようにちょくちょくこちらに来る人が都合がよい。いつでもいいから、こちらに来たときにお願いします、ということにすればよいだろう。いずれにしても、夏までには企画を作っておかねばならない。

六月

シテ祭り

……六月一日㊎

いよいよ今日からシテ祭り。朝一一時過ぎ、午後からのシテ祭りに備えて一三区のイヴリー街に買い物に出たレジダンたちを迎えに車で出かける。米、日本酒、焼酎など大量に買い込んだのは、今晩の演奏会のあと、日本食品販売をサロンで行うから。米は二日にお握り、お団子などを作るため。

夕方六時からノルウェー館レジダンのI君による能の演舞。演目は「実盛」。はじめに例によって僕がフランス語で挨拶したが、そのなかで実盛を敦盛と間違って紹介してしまったことにあとで気づいたが、これは文字通りあとの祭り。能のあとはベルギー館のソプラノKさんによる日本歌曲コンサート、ピアノはカンボジア館のKさん、ヴァイオリンは日本館のO君。別宮さんの桜横町、ふるさと、など軽く四曲を聞く。終わってレジダン待望の日本酒バーが開店。おつまみに枝豆を提供する。演歌を流して日本館サロンに居酒屋の出現。

……六月二日㊏

素晴らしい晴天になった。午前中、いつものようにモンスーリ公園を抜けてグラシエール街のマルシェへ。公園ではまた別の種類の鳥のかわいい雛を見る。

大使が来るというのでレジダンたちは朝から緊張して準備に励む。合気道のために、エスパス・スュッド（シテのスポーツセンター）から畳を一五枚ほど運ぶのがたいへんだったようだ。男子レジダン一〇名ぐらいがこれに当たる。畳（といっても、人造の畳）が汚れているので、日本館玄関前で日干しにしながら雑巾で拭いている。会場作り。ホールの展示。サロンの舞台に日章旗を垂らす。玄関脇のポールには昨日から日仏両国の国旗が掲揚してある。午後一時半過ぎ、まず北山書記官が到着。大使館からパンフレット類をたくさん運んでくる。これはホールに展示して、欲しい人に持って行ってもらう。

午後二時、予定どおり飯村豊大使が到着。スポーツ・ジャケットのラフな服装だったので、ネクタイなんかするのではなかったと後悔。遅れて二時二〇分頃から始まった合気道と剣術の演技は迫力満点。観客は七〇名ほど。日本館レジダンのF君は大使と同じ明治神宮武道場・至誠館の門人。昨日能を舞ったノルウェー館のI君が今日は武道の達人に変身。役者が揃ったという感じ。他にイタリア人レジダンと日本人女性二人（AさんとNさん）。薙刀の演技、護身術なども披露して盛会だった。イタリア館館長ロベルト、アメリカ館館長マーフィー氏、ベルギー館館長夫人ミシュリーヌなどを大使に紹介する。

そのあと、大使に日本館内を案内し、アパルトマンでお茶。ちなみに日本館の通常予算の五分の一が日本政府の補助金、残り五分の四は居住者の家賃でまかなっている。そのほか、月々の館長手当と館長交代費用も日本政府の補助による（外務省の予算から支出）。したがって日本政府は日本館の大パトロンだ。大使を歓待する理由はそこにある。大使はその昔、外務省の若手職員だった頃、日本館創設者薩摩治郎八氏の晩年に、松山で薩摩氏を訪ねたことがあるそうだ。

夜七時から、日本館大サロンで、今度はバスター・キートンの無声映画をピアノの即興演奏付きで見る。ピアノは神西さん。これが思った以上におかしな映画で、実に楽しい。

純情だが妙なところもある写真技師の恋物語。

……六月三日 (日)

シテ祭り三日目。少々疲れが出てくる。レジダンたちはもっと疲れているだろう。一〇時頃から用意が始まる。今日は昼から素麺販売。その準備らしい、地下の小サロンのほうで動きがある。

素麺は小さな器に入れて一ユーロで販売、これが意外と売れている。折り紙教室も盛況、夕方五時過ぎまで、大サロンには人が絶えない。日本館はシテ祭りで、三日間そのプレザンスを遺憾なくアピールしている。他の館は概して低調だ。

……六月七日 (木)

午後七時半からバスチーユでオペラ『仮面舞踏会』を見る。演出はジョルジョ・ストレーレルの弟子のベルギー人。指揮はセミオン・ビシュコフ。すっきりした綺麗な舞台。声はまあまあ。リッカルド役のアメリカ人テノールが美しい声にもかかわらず声量がなくがっかり。アメリア役の黒人のソプラノ、アンジェラ・ブラウンがよかった。レナート役は急遽代役で前日ナポリから駆けつけたというアルバニア出身のジュゼッペ・ジパリ、悪くない。プルミエ・バルコン前から四列目正面向かってやや左のとてもよい席。珍しく日本人観客をあまり見かけなかった。それにしても、フランス人がほとんど関係していない、よく言えば国際色豊かな製作だった。指揮はロシア人、音楽監督はドイツ人、演出はベルギー人、衣装はイタリア人、照明はドイツ人、バレエの振り付けはロシアとベルギーの両方の血が入っている人。合唱指揮はウィーン生まれ。歌手も大部分がアメリカ、スウェーデン、ロシアといったところ。パリだからと言ってフランス人が活躍できるわけではないということ。喜ぶべきか、悲しむべきか。観客は立派な身なりをした夫婦連れが目立つ。終わってぞろぞろと階段を上に上がっていったところを見ると、上のホールかなにかでレセプションでもあるらしい。会社や役所の同僚といった感じだ。メトロで出かけてメトロで帰る。メトロは暑くてまいる。

六月八日 ㊎

気温は二〇度から二五度ぐらいの間、朝方は一二〜一三度。蒸し暑い日が続いている。毎日一度は雨がふり、湿度が高い。アジサイが目につく。菩提樹の黄色い小さな花が満開だ。桐に似た木に白い花が美しく咲いているが、名前がわからない。モンスーリ公園で木の前に立ててある札を見たら、カタルパ(catalpa)とある。家に戻って辞書を引くと、「アメリカキササゲ」と出ている。今度は広辞苑で「きささげ」を引くと、のうぜんかずら科の落葉高木と出ている。中国南部原産だそうだ。「かわらぎり」とも言うらしい。するとやはり桐と関係があるのだろうか。見た目はよく似ている。

六月一〇日 ㊐

国民議会第一回投票日でテレビはどこも夕方七時頃から特別番組を組んでいる。八時頃フランス2チャネルをつけてみたら、ちょうど社会党のオランド第一書記のインタビュー中。社会党惨敗の結果を受けて、棄権率三九パーセントについて第二回では是非投票に来て社会党に入れ、バランスを取るようにと訴える。続いてロワイヤル女史も、特に棄権した学生や若年層に訴えている。そのあと、フィロン首相のインタビュー。

右翼が四四・六パーセント、左翼は三五・六パーセント（UMPが三九・五四、PSが二四・七三、共産党四・三）、中道七・六パーセント、極右四・七パーセント（FN四・三パーセント）、極左三・九パーセント、棄権が前回二〇〇二年の三五・五八パーセントを上回って三九・六パーセント。

小選挙区制なので得票率に議席は比例しない。大統領の多数派が国民議会の圧倒的多数の議席を獲得（三五〇から四〇〇）、社会党はわずか七〇程度、社会党の惨敗だけではない、国民戦線もベイルーの新党民主運動も、ほとんど惨敗と言ってよい。国民戦線はわずかにル・ペンの娘で副党首のマリーヌ・ル・ペン一人が第二回投票に持ち込んだだけ、シュベーヌマンも落選の可能性大とある。社会党は前回セゴレーヌに投票したパリ郊外層と若年層が大量に棄権したのが響いたという分析がある。勝ち馬に乗れと言うのでみなサルコジになびいてしまった。社会党は近年最大の危機を迎えている。

……… **六月一五日（金）**

朝一〇時、二〇区の修復工房で修復中の藤田の大作五点を見学する。九時過ぎにRERに乗り、ダンフェールで六号線に乗り換えて終点のナシオンへ（ここまで来たのは初めて）。そこから今度は二号線に乗って二つ目のアレクサンドル・デュマで降りる。ちょうどペール・ラ・シェーズ墓地南側に隣接した界隈は職人街、今まで僕が一度も足を踏み入れたことのない界隈だ。古い石畳のアンパース（行き止まり街路）を奥まで入ると、工場のような古い建物の中に目指す工房はあった。エソンヌ県のアンヌがアンパースの入口まで迎えに出てくれている。周りは額縁屋とか修復工房などが軒を並べている。

一九二八年の藤田の絵を見る（四枚のパネルによる人物群像、動物もいる）。これは、現在日本館サロンの奥にあるパネル三枚からなる『欧人渡来の図』の直前に日本館のために描かれたものの薩摩治郎八氏の反対にあって日の目を見なかった絵に間違いない。もうひとつは日本館ホール奥にある馬の絵のエスキース。日本館では今年一〇月末から三カ月間、日仏交流一五〇周年記念事業の一環として藤田の絵を特別公開するが、これら修復中の絵の写真パネルをエソンヌ県が作成して、日本館サロンまたはホールに同期間中展示する企画が検討中なのだ。そのための見学である。修復家のヴェロニックともう一人は一九九九年の日本館所蔵藤田絵画の修復にも参加したとのこと、藤田の絵のオリジナリティ、日本的な要素などについて説明してくれる。

夜八時からレジダンお別れ会。その前、七時にモンパルナスの「鳥兆」に、注文してあった焼き鳥を取りにいく。四種類一一二本、焼いてもらう。差し入れ用のワイン一〇本も買って戻る。

お別れ会はまず委員長のN君の挨拶、それからフルートのM君とピアニストの友人の演奏、そして僕の挨拶・乾杯と続く。途中、この一年を振り返るスライドを見る。持ち寄りというスタイルで、何でもいいから参加者は一品または飲み物を持参することになっている。観察していると、何も持ってこない者が結構いる。それもたいてい持ってこない人は決まっている。最初からいないで、途中から様子をうかがうように入ってくる。午前二時を過ぎても宴は続いていたようだ。それも仕方ない、本年最後の一大イヴェントなのだから大目に見よう。今年のコミテはほんとうによくやってくれたと改めて思う。

……………六月一七日 ㊐

国民議会選挙の第二回投票の結果は、投票率が六〇パーセントを切ったにもかかわらず社会党が予想以上に健闘した。議席総数五七七のうち、当初予測では七〇名程度まで落ち込むと見られていたにもかかわらず、改選議席を大きく上回って一九〇にまでなっている。逆にUMPは三五九から三二〇ほどに減った。過半数を制して勝利したにもかかわらず、ボルドー市長で元首相のアラン・ジュペが落選するなど、意気が揚がらない。ジュペは記者会見で明日サルコジに辞表を出すと明言。ボルドー市長については、仲間と相談して決める、とした。フィヨン内閣の二番目の地位を占める元首相の落選はサルコジにとって手痛い打撃だ。

サルコジ支持の中道右派が二二名の当選に対して、バイルーの民主運動はたったの三名、国民戦線でただ一人第二回投票に残ったル・ペンの娘も落選。共産党は二一から一五へと議席を減らしたにもかかわらず、消滅は免れて踏みとどまる。社会党存続・分裂の危機に対してフランス国民のバランス感覚が働いたともっぱらの評。勝ったサルコジ陣営はしゅんとなり、負けた社会党陣営が気勢を上げてオランドがまるで凱旋将軍のようなありさまというのは、妙な景色だ。国民戦線は国民議会から姿を消した。これはサルコジが彼らの票を吸収しただけのこと。

この日のさらに大きな話題は、午後から流れたロワイヤル女史と社会党第一書記のオランドの離縁のニュース。もともと結婚していないので離婚（ディヴォルス）とはいわず、離別（セパラシオン）、あるいは破局・破滅（リュプチュール）という言葉を使って大々的に報じている。来週水曜日発売予定の『敗北の舞台裏』の中でロワイヤルが二人の破局を語っていたのがリークされたらしい。ロワイヤルはこれを、選挙に対する妨害を意図した政治的なリークと非難したが、結局二人とも事実と認めた。やれやれ。

……………**六月一九日 ㊋**

一日館長室にいると、夕方仕事が終わったら無性に外に出たくなる、と友人の元館長篠田君が言っていたが、今日はそういう気持ちになった。で、モンスーリ公園の池をぐるりと一周する。

この季節の午後五時は、日本で言ったらまだ午後二時ぐらいの陽の高さだ。これから九時ぐらいまでが一番日差しが強い。サングラスなしでは歩けない。菩提樹の高いこずえの上から強く甘い香りが降りてくる。風に流されて公園中がこの香ばしい香りで包まれている。菩提樹にはいくつもの種類があるらしい。細かく見ると葉の形や色、つや、花のつき方などが違う。しかし大体は葉の裏が銀色、表は緑で、小さな黄色い花が密集してぶら下がってつく。遠くから見ると木全体の半分ぐらいが黄色く染まっている。日本のお寺などによくある高木の菩提樹、あの、釈迦がその下で涅槃を迎えたという菩提樹はヨーロッパの菩提樹とはまったく異なる樹種だそうだ。パリでもっとも多い街路樹は、マロニエやプラタナスにもまして、おそらくこの菩提樹だ。そして菩提樹がもっともその存在を誇示するのが、この六月の季節に違いない。四月の、小さな葉が出揃ったばかりの頃の菩提樹も実に印象的だが、この季節のこの甘い香りには魅了されずにはいられない。シテにもモンスーリ公園にも、そして街路にも、巨大な菩提樹がそびえている。

　菩提樹とならんでこの季節に目につくのは、桐の木に似たカタルパ（アメリカきささげ）だ。白い花が大きな葉の上に円錐状に立っているのは、ちょうどマロニエと同じ。これも巨大な木となって直立している。大きな枝を広げ、木の全体に白い大きな花が咲いているさまは、堂々として実に風格がある。緑に白が映える。シテにもこのカタルパがあちこちにあって、四月のあの白いマロニエがまた咲いたのかと思わせるように、美しい景観を形作っている。パリ市内の多くで街路樹にもなっている。

　こうしてパリにはたくさんの植物が、実によく手入れをされて生え育っている。花の種類もまた数え切れないぐらいある。なのに、日本のように昆虫を見かけることはあまりない。蚊や蠅はほとんどいない。ときどきモンシロチョウが飛ぶのを目にするけれども、大きなアゲハチョウは一度も見たことがない。食草がないせいか。カブトムシやカミキリムシといったものにもとんとお目にかからないのはなぜだろうか。

留学生試験とバカロレア

六月二〇日（水）

日本政府給費留学生試験第一日。凱旋門近くの大使館文化広報部に九時一〇分頃に着く。理科系二四人を夕方六時までかかって面接。昼の一時間半の休みを除いてもかなりハードな仕事。

　面接は北山書記官と私のほか、昨年と同じくエコール・ポリテクニックの教務部長ドルーアン氏、それにフランス外務省の留学課の人の、合計四名。理科系の場合、日本のことを研究しているから日本に行きたいという文学や人文科学の留学生たちと違って、日本の最先端の科学技術に惹かれて、ということらしい。パリやリヨンのエコール・サントラル、トゥールーズの航空工学の専門学校などは常連だが、やはりエコール・ポリテクニックの学生が群を抜いて優れている。変り種はパリ七の外科医とビオ農法を研究している青年。二四名の中で日本語がかなりできるのは数名程度。理科系の場合、これは致し方ない。留学の動機、研究計画、在籍中の学校の成績、将来構想などが選考のポイントとなる。二四名中一〇名を選んだ。

…………**六月二一日**㊍

どんよりと曇って、蒸し暑い。留学生試験の第二日、一〇時から。昨日に懲りてRERはやめにして、ダンフェール乗り換え六号線で凱旋門へ。傘を持って行く。

一〇時から一二時半ぐらいまで、社会科学系の留学希望者七名を面接。シアンスポのブーイッスー氏、フランス外務省のエピモフ夫人、北山書記官と僕。一人一五分が原則だが、実際はもう少し長い。この日は面接で日本語会話能力も調べてみる。リヨンのノルマリエンヌで社民党の平和主義を研究する女子学生、日本におけるブラジル移民のフィールド調査をする男子学生などが目を引く。いずれにしても日本に対する研究留学の意欲の高まりはすごい。

…………**六月二二日**㊎

国費留学生試験第三日、今日は文学・人文科学の面接。一二名の中から七名を選ぶのに一〇時から午後の二時までかかる。それというのも、研究計画をフランス語だけでなく、日本語でも喋らせるからだ。しかも、質問もフランス語だけでなく、日本語でもかなり突っ込んで行った。日本語になると、途端にスピードが遅くなり時間がかかる。質問官は北山さんと僕のほかに、今日はイナルコのリュッケン君とパリ七のアニック・ホリウチ、それにフランス外務省のエピモフさんの五名。リュッケンは日本の美術を専攻する若手研究者。受験者たちは、村上春樹の『ノルウェイの森』研究、江戸の祭りと氏子の研究、大衆文学特に馬琴の研究、馬と祭礼の研究、弥生遺跡の研究、チベット仏教の研究、雅楽と神楽の研究、和辻哲郎哲学研究、もっと変わったところでは、修験道の研究。こうしたさまざまな研究は、すなわちフランスにおける日本学の動向を直接反映しているものでもある。フランスにおける日本学の発達、もっと大きく言えば、フランスにおける日本のプレザンスを考えさせられた三日間だった。

　アニックと六号線でダンフェールまで一緒に帰る。パリ七の日本語科にいい教授陣をそろえても、ちっともいい学生が来てくれない。その原因はグランド・ゼコール（大学とは別のエリート養成校）の制度にある。リセ時代に成績のいい子はみなプレパ（グランド・ゼコール受験のための特別クラス）に行くことを考える。親たちもみな、子供の成績が少しでもよければ子供をプレパにやりたいと思う。実際にグランド・ゼコールに行けるのはプレパの学生の半分程度に過ぎないが、最初から普通の大学に来るのはプレパに行けなかった子たちなのだ（あるいはそう見なされてしまうのだ）。しかもグランド・ゼコールの学生で日本を研究しようとする人は、以前はイナルコやパリ七の日本語科にも登録したものだったが、この頃はグランド・ゼコールでも自前で日本語の授業を行っている。しかも日本の大学と交換の提携をして、直接留学して日本で勉強するから、イナルコやパリ七の日本語科には来ないのだという。なるほど、そのとおり、エコール・ポリテクニックにもエコール・ノルマル（高等師範学校）にも専任の日本語の先生がいて、熱心に教えているし、日本の大学との提携も盛んだ。日本の私立大学の置かれた状況を考えさせられ、身につまされる話だった。

……………六月二三日 ㈯

スペイン館の脇の二本の桑の木の実がもうすっかりなくなっている。鳥たちの贅沢なご馳走も食べつくされてしまったようだ。マルシェには色とりどりの果物が氾濫している。豊かな農業国を実感させられる。サクランボの値段がどんどん下がってゆく。新しいものではスモモの類が目を惹く。アブリコ（杏子）も今が盛りだ。

夕方四時から、研究発表会。院生T君のサルトル論、「特異な普遍人―特異化する普遍性と普遍化する特異性―」とでも訳せばよいのか、サルトルのキルケゴール論の中に見られる表現をひとつの重要な概念と捉え返して定義しなおす、といったような内容。抽象的でわかりにくい。おまけにフランス語の発音やイントネーションがあまりよくないので、聞き取りづらい。大サロンで六時頃まで。聴講者二六名程度。司会はT君、コメンテーターにインド館のF君。フランス語原稿があらかじめ配布されている。すべてフランス語で進行。すでにフランス滞在三年目が終わろうとしているT君だけに、少々苦言を呈す。彼らはみな日本館の希望の星だ。そうであるだけになおのこと厳しくする。

六月二五日 (月)

朝七時に家を出てサン・ジェルマン・アン・レーのリセ・アンテルナショナルへ。バカロレアの日本語オプション面接試験。七時半に、RERシャトレ・レ・アル駅ホームで同リセの日本語科長アレ斉藤総子さんと待ち合わせて、サン・ジェルマン・アン・レーへ。シャトレから三〇分ほどで着く。そこからバスに乗って一五分ぐらいかかっただろうか。リセはフールクーとの境にあって中心部からかなり外れている。

この日、朝九時三〇分から夕方六時頃までかかって、一二名の高校生の国語（日本語）の面接をする。リヨンのやはりインターナショナル・スクールの藤木さんという日本語の先生と一緒。一二名の高校生はサン・ジェルマン・アン・レーのリセの生徒七名に、パリ一六区のリセ・ジャン・ド・ラ・フォンテーヌの生徒五名。いずれも日仏家庭の子女であるらしい。

面接は一三種類のテキストから抽選したひとつをまずはじめに音読させ、続いてテキストの内容について一五分ほど発表させ、次いで質疑応答となる。全部で一人当たり三〇分を予定してあった。テキストは太宰治の『清貧譚』、漱石の『心』、芥川の『鼻』、向田邦子の『父の侘び状』から「記念写真」、兼好『徒然草』等。面接した生徒たちの発表はまず文学史的知識を披露し、次いで発表項目を提示したあと序論・本論・結論と進む典型的な形式を踏んでいる。作者と作品について驚くほど知識があるのは、あらかじめ今年のバカロレアで扱う作品が決まっているためと納得。発表の形式が整っているのも驚くには当たらない、日頃から訓練をつんでいるからだ。いかにもフランス的なエクスポゼ（口頭発表）の体裁である。二〇点満点で採点。

朝と同様バスとRERのA線、次いでB線を乗り継いでくたくたになって帰宅。帰りのバスの窓から、藤の花の紫色とのうぜんかずらの濃いオレンジ色が目に入る。藤は年に二度咲くというが、今が二度目なのだろうか。のうぜんかづらが夏を告げる花であるのは、日仏変わらないと見える。

……六月二六日（火）

この日も九時三〇分からバカロレアの面接。シャトレでA線に乗り換えるとき、サン・ジェルマン・アン・レーに行く電車であることを確認したつもりだったのだが、本を読むのに熱中していて、ふと気づいて顔を上げたら風景がどうも前日と違う。駅に滑り込んだときに駅名を確認したら、とんでもないところに来ている。セルジーだ。これはたいへん、慌てて降りて引き返し、ナンテール・ユニヴェルシテで乗り換え、サン・ジェルマン・アン・レーの駅に着いたのがすでに九時二〇分。タクシーで駆けつけたが一〇分遅れ。とんだ失敗。

地理と歴史の面接。昨日と同じ生徒たちが同じように試験を受ける。相方の先生は東京のリセ・アンテルナショナルからこの日のためにわざわざパリまで来た高山さんという男の先生。今日は一人当たり一五分のため、午後三時頃には解放される。それにしても、RERのA線沿いのリュエイユ・マルメゾンやル・ヴェズィネといった町には豪華な一戸建ての家が並んでいる。一体どういう人が住んでいるのだろうか。

……… **六月二七日** ㊌

午後二時半からバカロレアの審査会。ところが一時前にシテの駅に行くと、重大な事故でRERのB線は不通。仕方なくトラムでポルト・ドルレアンまで出て四号線でダンフェール・ロシュローへ。そこから六号線で凱旋門、そしてRERに乗り換えるという大回りをやった。しかもサン・ジェルマン・アン・レーの改札口で検問をしており、慌てていたので切符をどこにしまったかわからなくなり、ポケットや財布の中を探し回った挙句やっと見つかったものの、五分もロスしたため、今日も一〇分ほど遅刻。やれやれ。審査会はあっという間に終わる。

……… **六月二八日** ㊍

バカロレアの審査会。四日続けてサン・ジェルマン・アン・レー通いである。午前一〇時までに集合、今日は遅れずに着くことができた。一三時前に帰還。

午後八時から、コミテの慰労会を館長アパルトマンで行う。一三名のコミテメンバーのうち、すでに四名はそれぞれの母国（ベルギー、ノルウェー、スイス、そして日本）へ帰国。残る九名のコミテ委員と、能や合気道で活躍して来週月曜に帰国予定のノルウェー館レジダンI君を加えて総勢一〇名を招待、シャンパンのアペリティフで話が弾んだあと、テーブルに着いてディナー。メインはブーフ・ブルギニオン（牛肉の赤ワイン煮込み、ブルゴーニュ風）。午前〇時半頃まで和気藹々《あいあい》。

この慰労会に備えて、ちょっと調べてみた。昨年一〇月の新学年開始以来、この六月末までの九カ月間に、日本館ではなんと四〇を越える催し物を行っている。そのほとんどに館長はもちろん、コミテのメンバーが関与している。実際、たいへんなご苦労だったことだろう。労をねぎらうのにこの一回きりの慰労会では申し訳ないぐらいだ。学術講演会が三回、映画（または写真上映）と講演の夕べが二回、展覧会が一回（「パリの日本人作家」展、図書室司書の企画）、遠足が一回（ソー公園へお花見）、研究発表会が五回、フェット・アミカル（新レジダン歓迎会、クリスマスと餅つき大会、お別れ会などの懇親会）が六回、将棋関連四回、ピンポン大会、マリオネット、そして最後にコンサートが実に一五回、さらに三日間のシテ祭の合気道をはじめとした盛りだくさんな催し。我ながら、よくやったものだと自分を褒める。と同時に、コミテとして働いてくれたレジダンたちの労苦に思いを馳せる。来年は日仏交流一五〇周年記念関連の行事が入るので、今年のようにたくさんコンサートを企画するのは難しいだろう。それに僕も三月末には新館長にバトンタッチすることになる。果たしてどんな一年になるのだろうか。

……… **六月三〇日 ㊏**

午後四時からリセ・アンテルナショナルの国際バカロレア授与式に呼ばれる。車で二時半過ぎに出る。十分ゆとりを持ったつもりだったが、パリをA13号線で出てまもなく渋滞。四台の車の追突事故。途中A13を降りてロッカンクールからD307へ入り、サン・ノンまで一直線。サン・ノンのゴルフ場を過ぎたところで、D98を右折してフールクーの町を抜けて行くのが一番早くて確実だ。なぜならリセはサン・ジェルマン・アン・レーの町はずれ、フールクーに隣接する斜面にあるからだ。マルリーの大きな森を抜けるとき、栗の花が一面に咲いていた。このあたりは九月になると栗拾いに格好の場所。

午後三時四五分過ぎに到着、駐車場に入れて会場に向かうところで、北山書記官が待ってくれているのを見つけて、一緒に会場へ。すでに大勢の人たちがいる—卒業生にその父母たち、セレモニーの手伝いをしている父母会の人たち、一一ある各国セクションの先生たちや関係者、卒業生の先導役を務める小学生たち。バカロレアのディプロム（免状）授与式とは、要するにこのリセの今年の卒業式に当たるわけで、幼稚園から高校まであるこの学校の、一年でもっとも大切な行事のように見受けた。

構内で副校長に挨拶し、会場の大食堂演壇上で校長先生そのほかと挨拶。会場が狭いため、一一の各国セクションを六と五の二つに分けて、第一部、第二部としてある。日本人セクションは第一部の三番目と、早いところに組み込まれている。セレモニーの順番に書いてみると、ポーランド、米国、日本、ドイツ、スウェーデン、イタリア（以上第一部）、そしてスペイン、デンマーク、英国、ノルウェー、ポルトガルと続く（第二部）。ヨーロッパ以外の国でこのインターナショナルなリセにセクションを設けているのは、米国と日本だけである。その米国は今年五〇名を越える卒業生を送り出し、英国と並んでこのリセの最大手、対して、設立まだ一四年目の日本人セクションは卒業生七名と、スウェーデンと並んでもっとも小さなセクションだ。しかし、フランスにおける日本のプレザンスを考えるうえでは重要なポイントとなっている。なぜ、アジアの国でこのインターナショナル学校にセクションを開いているのが日本だけなのだろうか？　多くは日仏家庭の児童が通っているのだが。

式典は実に盛大かつ華々しいものだった。

小さな国旗を掲げた先導役の小学生に続いて、各国の卒業生（バシュリエ＝学士号取得者）が派手な音楽に乗って意気揚々と入場してくる。満場の父兄や教員、来賓たちの拍手。続いて校長の挨拶、今年退職するブルギニオン先生のユーモアと品格に溢れた長い挨拶。この先生はギリシア神話を盛んに引用していたところを見ると、ギリシア語か古典文学の先生だろうか。そのあと、卒業生を代表して男女一名ずつが壇上に上がって、交互に挨拶を述べるのだが、これがまた長々と演じられる。途中で拍手、笑い、爆笑、合いの手などが入り、その賑やかなこと。そしていよいよ、セクションごとのディプロム授与だ（卒業証書の授与に相当）。セクション長がマイクの前で自分のセクションの卒業生を紹介する。セクションによって違うが、わがセクションは秀（très bien）何名、優（bien）何名、良（assez bien）何名、などと誇らしげに告げると、満場の拍手喝さい。可（passable）何名、とは言わない。そして一人ひとり名前を呼ぶと、壇上に整列した生徒たちの中から呼ばれたものが前に出て、免状を受け取る。渡すのは、セクション長ではなく、大使館関係者とか、視学官とか。

いよいよ日本セクションの番になって、北山書記官と僕が渡し役で前に出て、アレ斉藤総子セクション長から紹介される。免状を受け取った生徒は、演壇正面真ん中の一番前に進み、そこで写真撮影を受けてから、小さな段を降りて自席に戻る仕組み。こうして第一部だけで二時間かかった儀式が終わり、休憩に入ったところで北山さんと僕は失礼する。

生徒たちの服装はセクションによってまちまち、アメリカはガウンに帽子、北欧の国々はたいてい猟師の帽子みたいなのをかむっている。胸に赤いバラをつけるセクション、首から大きな花束をぶら下げていたセクションなど、見ているだけで楽しい。日本セクションの男子生徒が一人、羽織袴姿、女子生徒の一人は着物と袴だった。イタリアセクションはてんでばらばらの好き格好な衣装。男の学科長が女子生徒の一人ひとりとアンブラスマン（抱擁と頬への接吻）をしたのはイタリアセクションだった。いずれにしても、フランスのリセでこんな風に華々しい卒業式に出会えるとは思ってもいなかった。アメリカセクションの影響力だろうか。

七月

渋沢クローデル賞とアドミッション会議

七月二日（月）

午前中二階の館長室で仕事をしたあと、午後一時からの渋沢・クローデル賞選考委員会に出かける。昨年から二度目の経験。今回は昨年までの一五区の元日航ホテルの中の日本料理屋「弁慶」ではなく、八区の「花輪」という、これも高級日本料理屋が審査会場。シャンゼリゼ通りのロン・ポワンから南東にモンテーニュ大通りをちょっと下るとバイヤール街がある。そこを左に折れたところ。車で日本館から三〇分程度で着いてしまう。バイヤール街と斜めに交差するフランソワ一世街を斜め左に上った地下駐車場に停めて、三〇分ほど早いのでシャンゼリゼ界隈を散歩して時間をつぶす。イナルコのガルニエ女史と出会う。彼女も早く着いたようだ。シャンゼリゼは先週水曜日からソルド（バーゲン）が始まったせいか、ツーリストや町の人でにぎわっている。プラタナスの実が大きく垂れ下がっている。鈴掛の木とはよく言ったものだ。

審査は一三時を少し遅れて始まる。食事をしながら進める。応募作は七編（うち、博士論文五編、ジャーナリストのルポのような単行本二冊）。昨年応募した二編が今年も再応募してきた。審査員は八名（うち、日本人は四名）。応募作を受け取ったのは五月に入ってからで、二カ月足らずの間にこれら七編を読むにはかなりの労力がいる。この審査員は無報酬、審査会の際に昼食に預かるだけだからほとんどボランティアの仕事と言ってよい。審査委員長はEHESSのクリスチャン・ソーテール氏。ジョスパン内閣の元大臣、現在はパリ市長ドラノエの補佐役（副市長）の一人。先の大統領選挙でロワイヤルが勝利していれば、あるいは閣外大臣ぐらいになっていたかもしれない、社会党のブレーン知識人だ。

審査はまず順番に一人ずつコメントを述べながらこれはと思う受賞作候補を三冊、順位をつけて挙げていく。一回りしたところで一位が三点、二位が二点、三位が一点で得点集計し、上位四冊に絞ったところで、もう一度、意見を述べたい人は述べる。みんな結構堂々と、かなり長くはっきりと意見を述べる（審議はすべてフランス語）。二回目も順番に、今度は四冊のうち順位をつけて二冊推薦する。一位が二点、二位が一点の配点で得点集計したところで、はっきり得点差が現れたので、決定となった。昨年応募した西田幾多郎の哲学についての博士論文、著者はミシェル・ダリシエという、イナルコで学んだ若手学者。この人が受賞と決まって、あとは三時頃まで、和気藹々《あいあい》と談笑が続いてお開き。

日本人審査員は僕のほかに、二宮正之先生と山田公使。主催者の毎日新聞からパリ市局長の福井聡氏も入っているが、実際に意見を述べるのは助手のフランス人。そのほか四名のフランス人はいずれも日本学者たちだ。

……七月三日（火）

一〇時からティルシット街の大使館文化広報センターで日本政府の給費留学生（学部留学）試験の面接。北山書記官と二人で一二時過ぎまでかかって九名を面接。文学・人文科学系五名に理科系四名の志願者のうち、一名を推薦とする。学部留学というのは、五年間日本に留学させ、最初の一年間は日本語の特訓、あとの四年間は入学試験を受けさせて、学部を四年間で卒業させようというもの。志願者はリセを出てバカロレア（大学入学資格）を取ったばかりの者から、すでに大学で二年生ぐらいになっている者まで。日本語が不自由な人も結構いるので、大丈夫かいな、という感じだったが、日本に対する憧れはみんなひしひしと感じられる。地方の出身者が多い。

天気悪し、ときどき雨模様でぐずついている。日本の梅雨のよう。

………七月四日 水

いよいよ日本館アドミッション会議（入居審査会議）の日を迎える。コミテ委員長のN君、コミテ委員のT君の二人に選考委員を依頼し、九時半に館長アパルトマンに集まってもらう。四月以来、少しずつ応募の書類が集まり、最終的には昨年とほぼ同じ七〇名の志願者となった。昼休みを挟んで、夕方七時まで、延べ八時間選考作業を続ける。

最初に、すでにレジダンとなっている人たちのレアドミッションを行い、一名を除いて全員再居住を認めた。そのあと、一〇月からの空き室の数を算定、アドミッションの作業に入る。志願者全員の書類を慎重にチェックし、推薦状、経済状況など、細かく点検しながら、最終的に二一名の入居者を選ぶ。補欠も何名か、順位をつけて選考した。一二時半に休憩、昼は一緒に我が家でサンドイッチ。午後二時から再開し、七時に終わる。

………七月五日 木

朝九時半から再度集まってもらい、アドミッション会議の最終点検。最終的に選考を終えた。そのあと、コミテ委員二名には館長室に来てもらい、レアドミッションとアドミッションの通知作業。封書にする分とパソコンで連絡する分の作業を昼過ぎまで続ける。

昼はスペイン館で一緒に昼食。ようやく春から懸案の、一〇月以降の新入居者選考が終わったことになる。あとは、館長同士のブラッサージュ（居住者交換）の作業が残るだけ。やれやれ。

夕方六時過ぎに大使館文化広報センターへ。六時半から、二月に選考試験を行ったJET派遣留学生の壮行会。四名選ばれたうち一名欠席したので三名を励ます夕べで、関係者三〇名ほどのパーティー。イナルコのフランソワ・マセ先生やパリ七のアニック・ホリウチ、クレア（自治体国際化協会）パリ事務所の関係者、それにJETの留学経験者などが招待されている。山田公使が日本語で挨拶、クレア・パリ事務所の時澤忠事務所長の乾杯の挨拶も日本語、出発する三人は最初フランス語、ついで日本語で挨拶する。串かつや寿司などたくさん用意されている。アルバイトの三人、いずれも大学都市の日本人レジダン、よく働いてくれた。九時半帰館。

……… **七月八日 (日)**

夜八時から、塩川徹也さんを囲んで凱旋門近くの中華料理屋で食事。北山書記官、朝日新聞の澤村パリ市局長、パリ日本文化会館の岡真理子副館長、それに同じく文化会館に赴任したての田村彩さん。

北山さん行きつけの中華料理屋で、彼が幹事役を務めてくれる。権威とは何か、権威とは判断を打ち切って証言を受け入れること、その意味で信ずることに通ずる、といった話を塩川さんがアウグスチヌスなどを引いて話してくれる。それを聞いて、昔、森有正を読んだのを思い出す。信仰とは目に見えないものを信じること、等。聖パウロのコリント人への手紙だっただろうか。信仰とはひとつの決断なのだ。決断的受容。八木誠一のことも思い出す。遠い昔のことのような気がする。

……七月一一日 水

夕方、久しぶりにカルティエ・ラタンに車で出かける。いつもの本屋コンパーニュでジャン・ドルメッソンのエッセー『時の香り』（Jean d'Ormesson, *Odeur du temps*）とミュリエル・バルブリの小説『はりねずみのエレガンス』（Muriel Barbery, *L'Élégance du hérisson*）を購入。どちらもベストセラー。読売の書評のため。

……七月一二日 木

次回読売の外国書書評欄〈フォーリン・ブックス〉のための本は結局『はりねずみ』にすることにして、午前中にざっと書いてしまう。

著者のバルブリはミカエルと同じリセ・ラカナルの出身、歳も一九六九年生まれだからミカエルと近い。おまけにノルマリエンヌで哲学のアグレジェ（教授資格所有者）。ミカエルが個人的に知っているのではないかと思って、問い合わせのメールを昨日出しておいたところ、さっそく返事が来る。彼女は二歳年下だし、リセ時代に直接会ったことはない、本もちょっと読んだけれど、全部は読んでない、リベラシオン紙で否定的な書評が出た、甘ったるく、戯画的な小説だと。それに日本についての記述の間違いもある、とも。

ミカエルはあまり褒めたくなかったようだが、書評はこれに決める。著者は大の日本贔屓で、勤め先のバイユーのリセからサバチカル（研究休暇）を取って心理学者の夫と二年間京都の九条山ハウスに住むそうだ。ハリネズミの比喩は小説の主人公の一人である年配の寡婦のコンシェルジュ（マンション管理人）

ルネのことで、固い殻と棘で心を覆っているけれど、内心は優しく聡明な人という意味だが、いかにも陳腐だと、これもミカエルの言葉。しかしかなり多くの読者の共感を得たのも事実。まあ、紹介として取り上げるには悪くないだろう。昨年九月から、これで七冊目の書評である。

……… 七月一四日㊏

パリ祭。午前中テレビでデフィレ（軍事行進）の様子をずっと見る。サルコジがシャンゼリゼの途中でオープンカーを降りて歩道に歩み寄り、観衆と握手する。こんなことをする大統領は初めてだそうだ。突発的ではなく、予定された行動。コンコルド広場に設けられたスタンド貴賓席に大統領が落ち着くと、少年たちの合唱団が登場し、ラ・マルセイエーズを歌う。国歌だけでなく、レジスタンスの有名な歌なども。軍事行進にはヨーロッパ連合UEの各国軍隊も行進したが、これも初めての試みだとか。フランス軍は総勢六千人、軍隊だけでなく、消防隊なども練り歩くのが恒例。最後はまた合唱団が登場、ベートーヴェンの第九の合唱をフランス語で歌って幕。

夕方七時半、画家の赤木さん宅に招待。車で来ても停めるところがないだろうとの助言に従い（パリに長い人の言うことだからなおさら）、メトロ六号線でカンブロンヌまで。なるほど、花火は九時半からだというのに、メトロはすでにぎゅうぎゅう。ホームにも人が溢れている。シャン・ド・マルス（旧練兵場で現在は公園）でミュージシャンたちの演奏が早くも始まっており、サルコジ大統領も顔を出すのだそうだ。それで大勢の人が詰め掛けている。幸い好天にも恵まれている。

七時半ぴったりに赤木氏宅へ。川村公使夫

妻がすでに見えている。遅れて三越のパリ支店長山田さんもやって来る。食事を終わった頃花火が始まる。一四階のベランダからは、ちょうどエッフェル塔の左あたりに花火が上がるのがよく見える。一〇時過ぎまで、たっぷりと、夜風に吹かれて堪能する。

〇時半、辞去してメトロまで行ったところ、たいへんな人でホームにも上がれない。次の駅まで歩いたが、ホームで待っても来たメトロはぎゅうぎゅうでとても乗れない。あきらめて、モンパルナスまで歩き、大きなホテルの前のタクシー乗り場で待つこと一時間、ようやく来たタクシーで帰館したのは午前三時。

七月一五日 日

午後八時から、日本館で納涼コンサート。題して〈一期一会〉。琴とフルートのジョイントコンサートに、三味線の独演を追加。珍しい楽器に会場は予想に反して盛況。琴はルーマニアのブカレストで二年間、青年海外協力隊員として日本語を教えていた浜田さん。フルートはパリ在住の学生。三味線は知人の画家山尾才氏の娘で芸大邦楽科出身の山尾摩耶さん。摩耶さんには久しぶりに会ったが、すっかり大人になっている。夜中過ぎまでワインパーティー。浴衣でずっと通したので履物は下駄、足が痛くなった。

南仏への旅

七月一七日 火

小さなヴァカンスが始まる。今日から四日間、南仏方面に旅行することにした。朝七時半に車で出て、A6（高速道6号線）でエクサンプロヴァンスへ。意外とすいていて、ちょっと渋滞したのはリヨン市内を通過したときだけ。夕方四時にはエクス着。ところが松本宏氏宅がなかなかわからず、右往左往。六時過ぎになってようやくお宅に落ち着く。高級マンション群の一角、六階のベランダからはサント・ヴィクトワール山が望める。カダラッシュの原子力研究施設で国際公務員として勤めている松本さんのところに二〇日朝まで厄介になる。

　車のラジオのニュースで日本の震災の模様を繰り返し伝えていた。死者七名、負傷者千名を越える、と。

………七月一八日 (水)

　リュベロン地方を車でぐるっと回る。N96（国道96号線）でマノスクへ。途中カダラッシュの研究施設の近くを通る。あとでわかったことだが、直後にトゥール・ド・フランス（フランス一周自転車競技）の自転車群がそのあたりを通過したのだそうだ。そう、今年はロンドンからスタートしてベルギー経由でフランスに入った自転車軍団は、一一日にはオータンの壁画修復家高橋さんのドンジョン（城の主塔、高橋さんの住居）近くを通過して南下を続けていたのだ。

　マノスクで昼を食べ、北のフォルカルキエへ。そこからもっと北のバノンへ。バノンから西のソーにつながるD950（県道950号線）沿いにラヴェンダーの畑が広がっている。リュベロン地方は荒涼とした大地と高原、そして山岳地帯だ。岩肌は地中海特有の白、土は赤、ほんとうに赤い。テッラ・ロッソといわれるとおり。樹木はオリーブ、松、ユーカリ。松の形が独特。町はたいてい山の中腹にある。斜面に赤い屋根の家々がへばりついている。街を出ると人気はまったくない、荒れ果てた大地だ。畑には麦、葡萄、ひまわり、そしてラヴェンダー。麦はすでにかなり刈り取られている。ラヴェンダーも大方刈り取られてしまっていたが、幸いソー周辺にはかなり残っている。あたりにはあの甘い香りが充満している。ひまわりの花は今が盛り。乾燥した土地に太陽がぎらぎらと照りつけている。ソーからはアプト方向に南西へ下り、途中で西に折れてゴルドという町へ。まったく知らなかったが、この町は有名な観光地のようだ。街の中心に大きなシャトーがあり、博物館になっている。豪華なホテルが軒を並べている。お金持ちの保養地だろうか。

　ゴルドからすぐ北のセナンク修道院へ行く。ここがお目当てだったのだ。ポリニーと同じシトー派修道会の僧院は、山間の谷間にあるにもかかわらず、観光客でにぎわっている。実に美しい建物。メロンで有名なカヴァイヨンから高速Ａ６に乗ってエクスに戻る。リュベロンを東から西へと一巡りしたことになる。

……**七月一九日㊍**

朝のうち、エクスの中心部のマルシェを見物する。昼過ぎ、南仏海岸に向かう。マルセイユから東に、カシー、ラ・シオタ、バンドール、トゥーロンと続き、その先にイエールという町がある。そこから岬の先端まで行き、車を置いて船に乗って一五分、ポルクロール島という美しい島に着く。浜辺は海水浴の人たちでにぎわっている。そう、もうこうしてヴァカンスが始まっていたのだ。知ってはいたが、ここに来て実感する。フランス人ほどヴァカンスを貪欲に楽しむことができる人たちはいない。

……**七月二〇日㊎**

朝一〇時前、松本さん宅を辞去して帰途に

つく。北東のギャップまでA51で。そこからNの85、通称ナポレオン街道に入り、途中ポン・ド・フォッセに立ち寄って、二〇年前に六歳の長女が四週間コロニー・ド・ヴァカンス（林間学校）を過ごした施設を訪ねてみる。フランス・アルプスの高峰に囲まれた小さな村は、ここも避暑客で混雑している。どうしてこんな村に、と思わせるような辺鄙なところなのだが。グルノーブルからリヨンを通り、ブルゴーニュ地方に入ると、山岳地帯は終わって広大で肥沃な田園・森林地帯となる。フランスの豊かさが実感される場所。

……………七月二三日 月

午前中館長室に上がると、事務総長タルソ・ジルリ女史からメールが来ている。二〇日にオランダ館の館長が亡くなったとある。癌で闘病中とは聞いていたが、順調に回復しているという報告が以前館長会議であったので驚く。享年四四歳。

午後、大雨の中を車でピティエ・サルペトリエール病院の霊安室に出かける。日本のに似ている。ホールを囲んで、サロンが六つほど並んでいて、それぞれに遺体が安置されているらしい。二時半から四時まで弔辞の受付と言うことだったが、早かったので誰もおらず。しばらく待ったらアール・ゼ・メティエ館館長のフィリップ・ビゴとブラジル館館長のイネスがやってくる。第二サロンに入ると、一〇畳ほどの広さの部屋の中央に大きな体の男が背広を着て横たわっている。頬に紅がさしてあり、綺麗に化粧している。グザヴィエ・ペロだ。黙祷してあとはただ立ち尽くすのみ。次第に親族らしき人も集まり始める。妹と名乗る人にお悔やみを言って、先に辞去。帰り際、事務総長とシテ・キュルテュール（大学都市の文化部門)のルーボー女史と会うが、無言で握手するのみ。

夕方、雨はようやく上がる。

………七月二五日 水

午後二時半、ジャクリーヌ・ピジョー女史来館。来年二月の講演会の件で打ち合わせを行う。平安時代の女性と旅について話すとのこと。講演内容を刊行するかしないか、それによって話し方も変わるが、と言われて、なるほどと思ったが、いかんせん予算がないので、出版の計画はないから気楽に話してほしいと頼む。そのほうが楽だとのこと。講演時間は四五分で、通訳はつけない、日本語でもフランス語でも可、聴衆の大半は日本人留学生だろうから、できるだけゆっくりと明瞭に話す。土曜日より金曜日のほうがよいといわれたが、すでに毎月第四土曜日ということで九名の講演予定者の了解を得ているので、曜日の変更はなし、開始時刻は午後六時からとする、終わって質疑応答に三〇分、そのあとちょっとしたレセプションをやっても、八時過ぎ、遅くも八時半には終わるだろう、一〇月末までに講演テーマとプロフィルを私宛送ってもらう、講演が近づいたら、ペーパーを用意し、講演のプランあるいは要旨と参考文献を当日聴衆に配布する。こんなことを話し合う。まだ講演日の確定していない人が三名いる。メールを送って確認する必要あり。

………七月二八日 土

朝、久方ぶりにモンスーリ公園をぬけてマルシェにいく。公園のマロニエの木々は早くも大きな実をつけている。ところで、赤の花を咲かせるマロニエと、白の花を咲かせるマロニエは、同じマロニエでも葉の様子が少し違う。同様に、実も外側はまったく違う。赤のほうは、茶色いすべすべした皮にくるまれているのに対して、白のほうは、緑のいがいがのある皮にくるまれている。ただし、皮がはじけて出てくる中身はたぶん同じだろう。

午後四時から研究発表会。帰国間近のアルゼンチン館レジダンO君が「ピエール・クロソウスキーの神学思想序論」と題してフランス語で発表。約二五名の聴衆。質疑応答も入れて一時間ぐらい。終わってから、CEM（多分野研究センター、日本館内の研究組織）主催の研究発表会の趣旨ならびに研究誌の創刊について経済学のN君と仏文のNさんが用意してきた文案を説明、質疑応答がある。この三月から始めた研究発表会について、主催母体の創設と研究誌の発刊見込みにまでたどりついたことになる。第一号はこの秋に刊行の予定。

続いて夜八時半から、コミテ委員長のN君の送別会。EU法の伊藤洋一さんがフルートで出場するなど、賑やかな大送別会となる。N君の人柄をよく反映した催し。いい人にコミテの委員長をやってもらったと改めて思う。出し物が四つほど終わったところで、僕は一時半ぐらいに引き上げる。

七月三一日㊋

夜、OECDの北島大使公邸に夕食会に呼ばれる。特に趣旨はないとのことだったが、そのとおり、参院選の話題やヴァカンスの話題など、ノーネクタイで打ち解けた会話が続く。三菱東京UFJ銀行の石塚夫妻、資生堂の後藤夫妻など、大使夫妻も入れて合計九名。庭園のテラスでアペリティフのシャンパン、食卓についてからはムールソーの九八年とシャトー・ムートン・ロトシルトの九〇年もの、デザートのときはシャトー・ディケムの八九年もの。いずれも極上のワイン。北島大使によると、ＯＥＣＤ大使公邸のカーヴ（ワイン蔵）は飯倉公館も含めて外務省全体でもっとも高価で貴重なワインを豊富に蓄えているそうだ。午後八時から一一時まで。

八月

真夏の来訪者

……八月一日㊌

二四度の気持ちのよい天気。快晴。

車で次女と一緒にアルトの伊原直子さんを東駅まで迎えに行く。夏のヴァカンスで車の通行量はめっきり少なくなり、サン・ミッシェル大通からシャトレ広場を通ってセバストポール大通まで、南から北へ一直線、車はスムーズに進行する。

ストラスブール始発の午後〇時半着のTGVで、伊原さんはやってきた。大きなつばの帽子を頭にのせて、サングラスをし、白のパンツ姿で、まるで女優かスチュワーデスのように優雅な足取りで、にこやかな笑みを浮かべてホームを近づいて来た彼女は、初対面の僕に向かって両手を差し出して大きな身振りで握手する。お互い日本人でなければ頬に接吻し合うところだろう。とても初対面とは思えない。

日本館の部屋に落ち着くと、一緒に素麺の昼食。伊原さんの雰囲気には似つかわしくない昼かと思ったが喜んで食してくれた。そのあと、ピカソ美術館を見学し、マレー地区やノートルダム界隈を回ったらしい。パリは六年ぶりだそうだ。次女と家内が案内した。

夜は館長アパルトマンでささやかな歓迎の晩餐会。ポル・ロジェのシャンパン、白ワインはムールソー、赤ワインはアロース・コルトン。カネット（小鴨）のローストは、フランク淳子さん宅でご馳走になったのを真似て、りんごのコンポーネント添え。

伊原さんは著名なオペラ歌手にもかかわらず気取ったところのまったくない気さくな人柄、話も滞ることなく弾んで、何でもおいしそうに食べてくれる。共通の友人・知人が結構いることがわかる。

……**八月二日**（木）

朝、小雨。早朝、六時半過ぎ、伊原さんと次女を車でピラミッド街まで送る。マイ・バス主催のツアーでモン・サン・ミシェル観光に行くため。八月の早朝とあって道はすいている。二〇分足らずで着いてしまう。彼女たちが戻ってきたのは晩の九時半を回っていた。一〇時頃から、和食を食べながらツアーの様子を聞く。

……**八月三日**（金）

朝一〇時過ぎ、大学都市の中を伊原さんと散歩。そのまま、モンスーリ公園を案内する。一一時半過ぎ、車でジヴェルニーに出発。伊原さんはほんとうならこの日はローマの遺跡がたくさん残るフランス南部オランジュの古代劇場で大野和士指揮のオペラを見る予定だったところ、主演のテノールの都合で上演中止となったため、オランジュ行きを断念、念願のモネの家の見学に切り替えた。

一時間一五分ほどでジヴェルニー着。ダリアはまだ早かったが、色とりどりの花が咲き乱れ、大勢の観光客が訪れている。モネの家見学前にアメリカン・ミュージアムのキャフェでゆっくり昼を食べる。食事のときも、モネの庭でも、ずいぶんゆったりと時間を過ごす。

夕方五時半、ジヴェルニーからセーヌ河沿いをレ・ザンドリーまで。シャトー・ガイヤールへ案内する。リチャード獅子心王が一二世紀末に建てた古城は廃墟となってセーヌ河を睥睨《へいげい》している。僕がここに来るのは三〇年ぶりだろうか。このリチャードという英国王は、イングランドにはほとんど住まずにノルマンディーを転戦し、フランス王のフィリップ・オーギュストと覇を競っていたらしい。第三次十字軍にも参加して中近東まで赴いたそうだ。古の英雄の夢の跡。

午後八時過ぎに帰宅。三〇分して、カルティエ・ラタンのサン・セヴラン教会近くのチュニジア料理屋にクスクスを食べに出る。三人で所帯を切り盛りしている小さな店はわれわれが座ると満席になる。

八月四日 ㊏

朝一〇時前、再び東駅へ。ストラス経由でミュンヘンに戻る伊原さんを見送る。大歌手なのに微塵《みじん》も尊大なところのない彼女は、話を聞くとずいぶん苦労もあったようだ。威厳がありながら気さくというのは誰にでもできることではない。それによく冗談を言って笑わせてくれる。一日快晴、無風、二七度。夜一〇時半、ミュンヘンの伊原さんから無事着いた旨、電話あり。

八月一一日 ㊏

午後、モンパルナスに映画を見に出かける。『さ迷うフィアンセ』(*La Fiancée errante*)という題のアルゼンチン映画。アナ・カツという女流監督の第二作で監督自身が主演しているが、よくわからない映画だった。海辺にヴァカンスに出かけた婚約者同士がしっくりゆかず、途中でバスを降りた女性の婚約者がひとり悩む……という話。観客は老夫婦ばかり。全部で一〇人ぐらい。どこにもヴァカンスに行く当てのない老人がシネマにでも、と集まった感じ。

アルプスからレマン湖畔へ

……八月一二日 ㊐

曇り。夏のヴァカンスに出る。一〇時半に日本館を出発して、A6で一路南へ。高速道に入った途端渋滞にあったのでこれは困ったと思ったが、なんのことはない、工事で斜線が減って混んでいただけ。あとはスムーズに走る。マコンあたりでA40に入って、シャモニー方面へ。目指すサン・ジェルヴェはシャモニーの手前のル・ファイエという町で高速を降りる。山道をしばらく登る。夫妻とも中世美術史家のコレットとジャン・ポールの山小屋は標高一四〇〇メートル。モンブラン山系を間近に臨む素晴らしく見晴らしのよい場所だが、たどり着くのはたいへん。車を道端に置いてから、荷物を背負って狭いぬかるみの山道を一〇分ほども登る。ジャン・ポールとロドルフォが車置き場で待っていてくれて、こちらの荷物を背負ってくれたので助かった。

二〇〇〇年の一一月に来たときには、まだこれから二階を改修して、大勢友達を泊められるようにするのだと言っていたのが、すっかりでき上がって、立派になっている。ベッドはなんと三五もあり、シャワーも三箇所、トイレは一体何箇所あるのだろう、ともかく、迷路のようにあちこちに部屋があり、屋根裏やらなにやら、何層にも入り組んだ建築。見た目より遥かに広い。台所も二つあり、サロンもたくさんある。

大家のコレットとジャン・ポール夫妻のほかに、三家族、そのほか単独で来た者も二名、合計一二名。そのうち最年少一一歳のアナトール君を入れて子供が三名、大人が九名。大人の内訳は男三名、女六名。玄関前のテラスでアペリティフを飲みながら歓談のあと、二階の食堂で盛大に夕食会となる。メインはクスクス。一〇時半、就寝。

……**八月一三日（月）**

八時半朝食、九時半出発。

すこぶる天気がよい。家からそのまま歩いて一時間登り、標高二五〇〇メートルのモン・ジョリなる山のすぐ下まで上がる。ここから、モンブラン、エギーユ・デュ・ミディなどが一望の下に望める。視界は三六〇度。登りは苦しかったが、上に出ると素晴らしい。アルプスの山々の姿を堪能する。草原に横になって昼を食べる。昼食はジャン・ポールが担いできた。お米のサラダにバゲット（棒状のパン）、チーズ、果物などなど。一時間ぐらい休み、四〇分かけて下る。

　そのあと、車でサン・ジェルヴェの街経由でレ・コンタミーヌという谷間の奥の町へ。ノートルダム・ド・ラ・ゴルジュという名のバロック教会を案内してくれる。この日の夕食は地元の料理（名前忘れた）、ジャガイモとチーズをオーブンにかけたもの。ワインはサヴォワ地方の白ワイン。一〇時半頃就寝。日焼け止めを塗らなかったので顔が真っ赤になる。

……**八月一四日（火）**

快晴。八時半朝食、九時半出発。

車三台でレ・コンタミーヌ方面に向かい、途中左折してビオナッセーの村のほうに山道を上がって行く。車を置いて、さて、それからがたいへん。三〇分だからとコレットに騙されて歩き出したところ、いつまで行っても着かない。一時間半ぐらい上っただろうか。見晴らしのよいところに出たと思ったら、山岳電車（モンブラン・トラムウェー）の線路に出る。線路沿いにしばらく歩き、一八〇〇メートル地点の駅からトラムに。終点は二四〇〇メートルのル・ニ・デーグル（鷲の巣）というところ。モンブランから西に延びるビオナッセーの雪渓の最下部だ。

　大雪渓とモンブランを眺めながら昼食。ワインも持ってきている。こんな大登山は学生時代以来のこと。みんなはそこから雪渓脇を下ると言うが、僕はまたトラムで降りることにして、二時間、ジャン・ポールとマルチーヌと一緒にその岩場に残る。日差しは強いが、かなり寒い。四時頃下山。歩いて下りた連中と合流して、サン・ジェルヴェで買い物ののち戻ったのが夕方六時頃。七時四〇分までかかって日本食を準備する。これは中井珠子さんの発案。珠子さんと家内と僕で作る。きゅうりとわかめの酢の物、ちらし寿司、子羊のロースト胡麻だれソース、豆腐の味噌汁。日本酒でアペリティフ、みんな喜んで食べてくれる。日本文化があらゆるレベルで普及していることに驚く。みんな味噌汁が大好きだ。

八月一五日 水

今日もよい天気。朝九時半、出発。みんな車のところまで送りに来てくれて、名残を惜しむ。珠子さんと家内と僕の三人で帰る。サン・ジェルヴェの街中は渋滞するので避けて、ムジェーヴ方向に向かい、国道二一二で、一路山を下ってレマン湖畔のトノンへ。道はすこぶるよい。一時間ちょっとで着いてしまう。

　ヨットハーバーに下りて散策。釣りをする人に聞いたところ、やはり釣るのは川カマスだそうだ。湖の底からなにやら盥《たらい》のようなものを引き上げている男がいたのでのぞいたら、ザリガニが入っている。エクルヴィスという。魚の頭を結わえて底に下ろす。しばらく置いてから引き上げると、エクルヴィスが入っているという仕組み。この仕掛けを港のあちこちに作っている。

レマン湖畔を東にスイス国境沿いに進み、エビアンからメイユリー、あのルソーの『ジュリー』で重要な場所メイユリーを通って、サン・ジャンゴルフという国境の町（フランスとスイスの共同の町らしい）で泊まる。湖岸のホテルは安くて清潔。荷物を置いて休んでから、夕方五時頃、湖岸を東に回り、ぐるっと北側へ、シオン城を見学してからモントルーまで行ってみる。サン・ジャンゴルフから車で三〇〜四〇分。シオン城を訪ねるのは三〇年ぶりぐらいだろうか、多くが一二世紀の建造のようだが、よくこれだけのものを築いたことだ。モントルーはジャズフェスティバルで有名だが、豪勢なホテルが湖岸に立ち並んでいる。一大保養地になっている。

夕方八時頃レマン湖南岸のサン・ジャンゴルフのホテルに戻り、湖のほとりのレストランでレマン湖産の魚を食す。ワインは地元のファンダンという白。昼も同じところの別のレストランで別の二種類のレマン湖産の魚を食べる。とても美味。

……八月一六日 ㊍

朝一〇時過ぎにホテルを出て、湖を時計と反対回りに回ってローザンヌ近郊で高速道に乗る。その前にローザンヌの市内を少し見てみる。大きな町だ。何度か来ているのだが、久しぶりで様子がわからない。坂の上が旧市街となっていて、古い教会もある。大聖堂だ。ルソーゆかりの街でもあるけれど、今回はじっくり見ることはできない。ローザンヌの駅で中井珠子さんを降ろす。彼女はこのあと、スイスのシエールでジャクリーヌ・ピジョー女史と落ち合って、テュディーヌ氏の山荘に行くことにしていた。けれど、シエールで会う約束だったところが、ローザンヌまで来てしまったので、ここでジュネーヴから来るジャクリーヌの汽車を待つことになる。パリ第七大学時代の同僚たちである。

レマン湖の南側はもちろんモンブラン山系をはじめとしたヨーロッパアルプスが迫っているが、北側も湖岸まで山が迫っている。したがって、大方の町は湖面に向かって落ち込む坂の途中から湖岸にかけて開けている。ローザンヌがその典型だ。ただ、北岸もローザンヌを過ぎて西のほうに近づくと次第に傾斜は緩やかとなり、葡萄畑が広がってくる。なかなか美しい景色。夕方六時頃パリに戻る。

……………八月二六日 (日)

快晴。ほんとうに久しぶりに夏の日差しが続く。

ほとんど一日家にいて、本を読む。ルソーの『告白』の巻三、トリノからアヌシーのヴァランス夫人のもとに戻ってきてから、巻四の終いまで、若いルソーがアヌシーを中心としてあちこち歩き回っている。そのあとを追う。アヌシーで司祭になる勉強をし、聖歌隊に入り、それからル・メートルを送ってリヨンまで行き、癲癇《てんかん》の発作に襲われたル・メートルをほったらかしてアヌシーに戻るとヴァランス夫人はいない。パリにクロード・アネと一緒に出かけていたのだ。グラッフェンリード嬢とガレー嬢との楽しい遠足の名高いエピソードのあと、ジロー嬢の勧めで小間使いのメルスレをフリブールまで送ってゆく。途中、ジュネーヴを通り、ニヨンでは父親と再会。義母とも初めて会う。フリブールでメルスレと別れたあとはローザンヌ、ヴヴェー、ヌーシャテル、ベルンと渡り歩いて、最後はパリに出る。そこから再びリヨンに下り、途中農家の貧窮のエピソードやシャトレ嬢との話などあったあと、ヴァランス夫人がアヌシーからシャンベリーへ移っていることを知って、シャンベリーに戻って夫人と再々会することになる。一七二九年から三一年にかけてのこと。つまり、夫人との再会（トリノから戻って）から再々会（パリから戻って）までの期間、ルソーはサヴォワとスイスのヴォー地方を中心として放浪しているのだが、それを回想する自伝のテクストをどう読み込んだらよいか。この部分の自然描写は実に美しい。それもかなりたびたび出てくる。失われた幸福の追想がこの期間の回想の主テーマとなっている。そのことと、美しい自然の描写は無縁ではない。

もう一冊、柴田勝二の『漱石のなかの〈帝国〉』。漱石の作品を日清戦争、日露戦争、第一次大戦における日本帝国の参戦と関連づけながら読み込んだ興味深い本。とりわけ、一九一〇年の朝鮮併合という歴史的事実と作品内部の照応に説得力がある。楽しみながら少しずつ読み続けて、最後の章にたどりつく。読み終わるのがもったいないぐらい。春頃だったか、日本館に一時滞在した著者からもらった本である。

……………**八月三〇日（木）**

館長補佐のグールデル夫人カトリーヌが、ヴァカンス明けでひと月ぶりに姿を現す。八月の間僕が預かっていた一時滞在者のロワイエ（宿泊代金）を渡す。彼女の仕事もさぞたまっているだろう。七月の会計報告もまだ受け取っていない。八月分の報告もすぐに作らねばならないが、その前に一時滞在者の滞在履歴を修正して、ロワイエ収入を確定させねばならない。

受付のロアール夫人が右腕に包帯をして吊っている。昨日午後、神経の手術を受けたそうだ。九月末まで休暇を取ると言う。夫がやっと戻ったと思ったら、今度は彼女か。やれやれ。

夜、アレジアで映画を見る。クロード・シャブロルの新作、『ふたつに切られた娘』(*La fille coupée en deux*)。主演女優の新人リュドヴィヌ・サニエはこれから必ず売れっ子になるに違いない。リヨンの大金持ちのぼんぼん役のブノワ・マジメルがおかしい。映画自体は、たいしたものではない。映像は美しかったが。

九月

…………**九月一日（土）**

夕方、アレジアで映画を見る。『あとに残る人たち』とでも訳せばよいのか（*Ceux qui restent*）。アンヌ・ル・ニという女流監督の作品で、監督自身も出演している。ヴァンサン・ランドンは優しくて繊細ないい俳優だ。女優のエマニュエル・ドヴォスもよかった。個性的な女性。父親がなんとかドヴォスという有名な俳優なそうな。見てよかったと思う映画。

…………**九月三日（月）**

曇り、肌寒い。夕方六時から開かれる大使公邸での小西財団の日本文学翻訳大賞授賞式とレセプションに車で出かける。受賞したのはトゥールーズ・ル・ミライユ大学日本語科のイヴ・マリー・アリュー。中原中也の詩の翻訳の業績による。奥さんのブリジット、それに大学の同僚のクリスチアン・ギャランも来ている。フィリップ・フォレスト、テュディーンヌ、ジャックリーヌ・ピジョーら審査員たちも。セシル・サカイが司会。昔在日フランス大使館文化参事官だったモリューと久しぶりに再会。今度日本館を訪ねたいと言う。

…………**九月五日（水）**

午後七時から大サロンでＪＥＴプログラムの帰国者歓迎レセプション。五時過ぎにすでにクレア・パリ事務所の那須野さんとフローラン・ゴルジュ君が会場設営に来る。レセプションには日本レストラン眉山からケータリング。山田公使の挨拶はキャンセル。というのも、ラグビーワールドカップの開催で選手団、そして森元首相などがパリ入りして、文化広報部の大使館員はてんてこ舞いなのだそうだ。森氏は日本ラグビー連盟の会長とか。

レセプションでは帰国した三名の若者が日本語で挨拶したが、二年ないし三年の日本の自治体滞在の成果の日本語は感動的な上達ぶりだ。レセプションは九時半頃にいったんお開き。そのあと、〇時を過ぎるまで延々と残った人たちの宴会が続いて、僕もかなり遅くまで付き合う。四月はじめに帰国した根岸君が途中から加わる。

コルマールへの旅

九月六日㊍

曇り。朝、インターネットを見て驚く。安部首相辞意を表明、とある。なんだ、国会で所信表明演説をしたばかりではないか!どうなっているのか。

日本館を一一時に車で出て、コルマールへ一泊旅行。メッツ、ナンシー経由で夕方五時頃着く。ウンデルリンデン美術館のグリューネバルトを見るためである。この街に来るのはほんとうに久しぶりのこと。ホテルは美術館のすぐ近く、見学は翌日回しとして街を散策する。ドイツ人らしき団体で結構賑わっている。運河のほうまで歩いてぐるっと回る。小さな町だから、ひと歩きすれば輪郭がつかめてしまう。

九月七日㊎

天気は芳しくない。朝のうち、美術館に入る。木彫のよいものがたくさんある。グリューネバルト以外にも、この街生まれのショーンガウアーなど、貴重な作品を蔵している。四回目ぐらいの訪問。

お昼前にコルマールを出て、スイスのバーゼルへ。六〇キロぐらいの距離。ところが街に入ってから、お目当ての美術史美術館にたどり着くまでに手間取る。この街もかつて四、五回は訪れているのだがほんとに久しぶりで、おまけにトラムが邪魔になって運転しづらい。ライン川を見下ろす大聖堂脇に車を停めて歩いて美術館へ行く。『死せるキリスト』や『エラスムス像』など、見慣れた絵に再会する。

バーゼルを午後の三時頃出発、ディドロの生まれたラングルに寄り道して、日本館に戻ったのは夜の九時半頃。二日間で一千キロぐらいのドライブだった。

……九月一三日㊍

夜、イシー・レ・ムーリノー（パリ南西郊外の町）の第七回ビエンナーレのオープニングに。人形作家の大島和代さんから招待状をもらっていた。午後六時半開始が、なかなかシャンパンの栓を抜かない。日本大使の飯村さんが展示を全部見終わり、そのあと、市長や大使の挨拶が済んで、ようやく八時半頃乾杯となる。黒田清隆の孫の黒田あきさんという画家と知り合う。たまたま来仏中の柏木隆雄・加代子夫妻や奥村まみさんなど総勢八名でポルト・ド・ヴェルサイユのビストロへ。一一時半頃まで食事とワインで愉快に大騒ぎする。柏木さんの面目躍如。この人は、初対面の人でも心を捉えて離さない特別な才能を持っている。

……九月一四日㊎

昨夜の乱行がたたったか、風邪気味。夕方四時からＣＥＭ主催の研究発表会。エマニュエル・レヴィナスについて哲学専攻院生のＴ君とＳさんがフランス語で発表する。研究発表会は三月から始めて、通算七回目。この会はほんとうによい企画だったと、改めて思う。学生諸君の提案を館長が取り上げて実現した形。サバチカルで滞仏中のマラルメの大出敦君や演劇の根岸徹君が最初から参加してくれて助かった。まことに日本館にふさわしい活動である。フランス語の質疑応答も活発に続いて、終わったのが七時過ぎ。引き続き八時半から今学年最後のお別れパーティー。延々夜中まで。

九月一五日（土）

文化遺産の日。昨年同様、日本館では藤田の絵をガイド付きで公開する。一一時にレジダン有志に集まってもらい、昨夜のソワレの会場だったサロンの掃除と、解説文の展示、資料のコピーなどの準備をする。ガイドはレジダンのボランティアで、二時間単位で二人ずつ参観者に対応してもらう。この日だけで百人もの見学あり。

九月一六日（日）

この日も前日に続いて、藤田の絵を公開。読売の書評を下書きする。アメリー・ノトンの新作『イヴもアダムもなく』（Amélie Nothomb, *Ni d'Eve ni d'Adam*）。八月末に発売直後からベストセラーで、ゴンクール賞、ルノドー賞の一次選考に選ばれている。

藤田の絵の参観者は二日間で二八〇人にも上った。レジダンがよく対応してくれた。

九月二四日（月）

午後六時から講演会の準備。アニメ作家の沖方丁《うぶかたとう》さんという若い人。今や日本の一大産業となっているメディア・ミックス（漫画、アニメ、小説、それにもうひとつ、何だったか？が一体となったものを指すらしい）の現状と問題点を分析・紹介したあと、沖方氏が制作総責任者の新作アニメ『シュバリエ』（一八世紀のシュバリエ・デオンの生涯をもとにした作品）について、その制作意図を、制作の苦労話や裏話を面白おかしく交えて明快に語る。話の面白い人だ。

また大使館が雇った武貞さんという女性通訳が素晴らしい。一九七六年に留学生としてシテのアンドレ・オノラ館に滞在していたという。パリ第一大学でコンディヤックの言語哲学について第三課程の博士号まで取ったが、フランス人と結婚してパリに残ることになったとご本人の話。グランド・ゼコールのひとつ、エコール・デ・ミーヌ（国立高等鉱業学校）で日本語を教えているという。

講演会に参加したのはたったの二五名。こぢんまりとはしていたが、とてもよい講演会だった。終わって、玄関を入ったすぐのホールでレセプション。この程度の人数ならホールでやるのも悪くない。

……… **九月二九日** ㊏

お昼前、曇って今にも雨が落ちてきそうな中をヴィル・ダブレー（パリの南西郊外の町）の森に栗拾いに出かける。

もう三〇年以上も前から、フランス滞在時は、季節になると通っている森。池が二つある。その昔、コローが描いた池である。その先から南のほうへヴェルサイユに向かって森が広がっている。すでに無数のイガが転がっている。拾っている最中にもばらばらと栗が落ちてくる。深い森の中ではほとんど人と出会わない。森の入口の池のそばでおばあさんがひとりで拾っている。家族連れが栗のいっぱい入った袋を提げて森から出てくる。三〇分ほどの間に五キロもの栗を集める。どれも小粒のものばかり。

午後から久しぶりに晴れ上がる。夕方五時にコントルエスカルプ広場でツヴェタン・トドロフ、小野潮君と待ち合わせ。車はモンジュ広場の脇の道へ駐車。トドロフは三〇分遅れてやってくる。二〇〇九年の仏文学会春季大会に招待したい件。奥さんで作家のナンシー・ヒューストンも一緒でないと行けないとのこと、なにしろ東京は遠いし、旅も疲れるから、と、弱弱しいことを言う。六七歳ぐらいだそうだが、元気がない。行ったとしてもせいぜい一週間の滞在、とも。優しい人柄の印象だったが、異文化に対する知的好奇心のようなものは感じられない。疲れてくたびれているような印象を受ける。

このところ、今泉澄という人の『物語日本史』という文庫本三冊を読んで興味深かった。興味深いというのは、いわゆる皇国史観というものがどういうものか、実によくわかるからだ。この今泉という人は戦前東京帝大の国史学科の教授だったらしい。四五年に辞職している。それが戦後相当経ってこの本を執筆したようだ。君と臣の秩序はもともと定まっていて、これをひっくり返すのは倫理的にも許されない悪である、というのがその根本思想。人民主権や民主主義は皇国日本のよさとは到底相容れないのだそうだ。こうしたイデオロギーが日本の歴史の中でどのような経過をたどって培われてきたかを、実に無邪気に語っている。

………**九月三〇日 ㈰**

ようやく真っ青な晴天となる。日本館を退出するレジダンたちが週末も大きな荷物を運んで出てゆく。中には、母親と思しき人が一緒だったり、家族が車で引っ越しを手伝ったり。

今日で、パリ国際大学都市日本館に赴任してちょうど一年六カ月が終わる。残り半年となった。

一〇月

新学年始まる

……一〇月一日（月）

新しいレジダンの到着で一日ごたごたする。四〇人近い新人が大きなスーツケースを下げて到着するのだから無理もない。午後三時以降の入館となっていても、早めに着く者もいる。サロンを開放し、そこに荷物を置いて部屋の準備ができるまで待ってもらう。

夜九時、ユシェット座に『春琴抄』を見に出かける。ニコラ・バタイユが出ている。演出は大間知さん。劇は一時間、小さな舞台（客席九〇）、琴と三味線の演奏家が一人ずつ、朗読役のバタイユのほかに春琴と佐助役のフランス人俳優が二人。なかなかの出来だ。フランス古典劇の朗唱のように聞こえる。

……一〇月二日（火）

午後二時過ぎ、パリ日本文化会館へ。車で二五分ぐらい。総務部長の早瀬さんに面会し、フランスの雇用慣行や労働法についていろいろ教えてもらう。図書室のカタログ電算化事業に伴う補助金で日本的なアルバイトを雇用することの是非、一時的労働契約ＣＤＤと期間無限定の雇用契約ＣＤＩについて。労働法や労働問題の専門家ではない素人にとっては、すっと頭に入りにくい。

……一〇月三日（水）

夕方、駅前とモンスーリ公園をちょっとだけ散歩。蒸し暑い。マロニエはどの木も葉がすっかり茶色くなり縮こまっている。緑の芝生には一面茶色の枯葉を散らしている。大きなつやつやした実もあちこちに転がっている。それに比べてプラタナスはまだ青々としている。なぜマロニエだけが先を急ぐように葉を落とすのだろうか。日本館のお隣の農業館の壁に這う蔦《つた》は見事に赤くなっている。昔はイタリア館の壁にも蔦が這っていたのだが、壁の色を薄いピンク色に塗り替えてから蔦は消えてしまったようだ。冬時間に戻るのはまだひと月も先の一〇月二八日。

……一〇月六日 (土)

快晴。素晴らしい秋晴れ。

午前中モンスーリ公園を抜けてグラシエール街のマルシェまで歩く。レイユ大通りの小さな菩提樹の並木が美しい。小さな丸い葉の半分ほどが黄色に変わって、緑と黄色のまだら模様を作っている。レイユというのは一八世紀末から一九世紀前半の元帥の名だそうだ。美しい秋が巡ってきた。気温は一六度ぐらいか、ひんやりとしている。

……一〇月七日 (日)

今日も快晴。シテの芝生に陽が差し込み実に美しい。大勢の人が繰り出している。昼前、ラスパイユ大通りのマルシェに行ってみる。ここはビオ（自然農法）の八百屋がかなり店を出している。日本の茄子にそっくりの細長いのがあったのでたくさん買ってしまう。

午後、日本館多分野研究センター（CEM）の年次論文集刊行のための序文を書く。夜は〈クー・ド・ヴァン〉（ブラスの響きというほどの意味、リール市を中心とする吹奏楽音楽団体の名前、吹奏楽の国際作曲コンクールを主催している）の作曲家たちと総勢一一名で食事。アレジア教会の向かいの一九世紀中頃からあるという老舗のレストランの二階に個室が予約してある。シャンパンのアペリティフ（食前酒）からデザート、人によってはディジェスティフ

（食後酒）まで、夕方七時から始めて終わったのは一〇時半。なんと陽気に飲み食いするおしゃべりな音楽家たちだろう。

……一〇月八日 月

夜八時からサル・プレイエル（パリの八区にあるコンサートホール）でペルーの若手テノール、ファン・ディエーゴ・フローレスのリサイタルを聞く。RERと六号線を乗り継いで凱旋門まで。そこからオッシュ大通りを歩いて数分。

新装なった演奏会場に今回初めて行く。舞台の背後の横の席。ピアニストの左横顔と指がよく見える。ピアノはヴィンチェンツォ・スカレーラ。フローレスという人は細身の美青年、ベッリーニやロッシーニを得意としているらしい。他にモーツアルトやトスティも歌う。最初は誰しも声が出ない。しかし次第に乗ってくる。最後はヴェルディの『リゴレット』で締めくくり。観客の熱狂ぶりが印象的。スタンディング・オベーション。それに応えてアンコールは五曲も。

……一〇月一二日 金

朝のうち湿気があり、霧が出ていた。午後から綺麗に晴れ上がる。シテの農業館の蔦が真っ赤に染まっている。ノルウェー館の東側壁面の蔦も見事な紅葉ぶり。デンマーク館のただ一本の銀杏が盛んに黄色いぎんなんを落としている。アメリカ館の前の胡桃の大木も大きな実をたくさん地面に落としている。

……一〇月一四日 日

土、日と素晴らしい快晴。ひんやりとして気持ちよい。シテの中を散歩する。朝日が芝生に差し込む景色がなんとも美しい。日本館にはとうとう暖房が入る。

夕方五時半からアレジアで映画を見る。『卑怯なロバート・フォードによるジェス・ジェイムズの暗殺』（*L'assassinat de Jesse James, par le lâche Robert Ford*）という長い題名のアメリカ映画。一八八〇年代、伝説的な無法者のジェスが彼を偶像視していた弟子筋のロバートにどうして殺されるに至ったか、またその後日談。男ばかりの殺伐とした雰囲気だがなんとも息詰る緊迫感がある。映像も荒涼たるアメリカの原野や森、雪景色が美しい。ただし人間関係があまりよく把握できない。何人も殺されるのだがなぜ殺されるのかよくわからず。最後にジェスはわざと撃たれたのだろうか？　二時間四〇分、ブラッド・ピットがジェス役。

………… **一〇月二〇日 ㊏**

今日も快晴。美しく晴れ上がっている。

午前一一時、ミカエルと一緒に講演会の資料を館長室で印刷する。五ページの両面印刷を百部作るのに一時間ぐらいかかる。

LIRE《リール》 EN《アン》 FETE《フェット》（読書週間）の講演会は午後七時から。その前の六時から会場作り、少し遅れて七時一五分に講演開始。最初に私が挨拶し講師のミカエルを紹介する。講演は約七〇分。「ひとつの都市、ひとつの作品」が今年の共通テーマ。ミカエルは漱石、太宰、谷崎、村上龍、藤原ともみの五名の作家の作品に描かれたトウキョウを紹介・分析して好評だった。観客は約八〇名。昨年のフランソワ・ロー氏のときよりずっと多い。質疑応答の司会は仏文院生のNさんに任せる。四〇分ほどやりとりがあって、あとはいつものとおりワイン・パーティー。パリ第一大学のムッキエッリ夫妻（元在日フランス大使館文化参事官）、CNRS（国立学術研究センター）

のリーズ・アンドリエス（一八世紀学者）、パリ一二大学のマルティーヌ（中世文学）たちも来てくれる。

一〇月二三日 ㊋

パリ日本文化会館の創立一〇周年を記念する大展覧会「黒田から藤田へ」のオープニングに出かける。車で二〇分ほど、メトロ六号線の下に停めて、五分ほど歩くと会館。三階の展覧会場へは六時半頃。予想どおり大変な人。藤田の一九二三年の油彩画六点が目玉、いずれも日本から運んできたらしい。この六点だけで評価額八七億円だそうだ。すると日本館の大作二点は一体いくらの値がつくのだろう。七時半、五階の会場でレセプション。これがまた超満員。こうした日はゆっくりと絵を見ることはできない。

一〇月二四日 ㊌

日中、晴れていても一二度ぐらいしか上がらない。明け方は二〜三度。冷え込んできた。午後六時、大使公邸へ。パリと京都の姉妹都市五〇周年を記念して来年京都の寺院などから一五〇点ほどの品をパリのプチ・パレ美術館で展示するそうだ。そこで、金閣寺と銀閣寺の両寺の住職を兼ねる高僧がパリを訪問したのを機会に〈ソワレ・ド・キョウト〉（京都の夕べ）なる一夕を大使館が設けた。その招待。出席者は三〇名ほど、昨日の文化会館のパーティーと比較にならない豪華さ。建物はもちろん、来ている人の種類も、飲み物も、食べ物も。延々と挨拶が続き、宴会に移ってすぐ辞去。

マドレーヌの地下に停めた車で今度は日本文化会館へ。六時半からの藤田を巡るシンポジウムはもちろん最初から聞くのは無理。着いたのは七時四〇分。九時までシンポを聞く。聴衆は一五〇名ほど。会場の半分しか埋まっていないが、内容は面白い。

　終わって近所のフランス料理屋での打ち上げに招かれる。中川館長夫妻、シンポの講師二人（いずれも女性、新関公子さんと林洋子さん。美術史家には女性が多い）、副館長の岡さん、東京芸大の副学長、同大美術館の学芸員など総勢一〇名。賑やかに食事して戻ったら午前〇時を回っていた。

　芸大副学長の堀江さんは文部省の役人出身、国際協力基金に出向したあと、東宮侍従を七年も務めたという変り種。いかにも侍従を務めた人らしく円満で穏やかな人柄で笑みを絶やさない。芸大の事務局長兼理事兼副学長となったばかりだそうだ。島根県生まれとか。鳥取県境港生まれの僕と話が弾む。

……一〇月二五日 木

　一日曇りで肌寒い。午後二時から日本館所蔵の藤田の大作二点を特別公開。日本文化会館の大展覧会に合わせての行事で一月末まで毎週木曜と金曜の二日、午後二時から六時まで公開する。公開中は照明をつけ、解説資料を用意し、さらに学生アルバイトの案内係を二名配置する。この日は一二名が訪れる。

……一〇月二七日 土

　コミテ選挙の日。U君が朝から図書室にがんばっている。投票所は図書室、九時から午後六時まで受付。午後は三時までNさん、三時から六時まではK君、この三人と私が選挙管理委員会を構成する。外はどんよりと曇って肌寒い。

　午後一時過ぎ、フランス将棋連盟のポティエ会長が仲間数人と現れる。プロの棋士本間六段という人が来仏中で、指導を仰ぐそうだ。本間さんは文化庁の文化使節として半年ほどヨーロッパを回っている途中と言っていた。四人をいっぺんに相手して指している。着物姿ではないが、扇子を手にしている。

六時、選挙終了。直ちに開票、六四名の有権者のうち四七名が投票してくれる。これで投票率七四パーセントをもって一五名のコミテ候補者全員が信任される。

……………一〇月二八日 ㊐

この日、午前三時に時計の針が一時間戻って夏時間から冬時間に移行する。前の日、寝る前に戻しておく。日の出は七時半、日没は午後五時半頃。一日曇り、肌寒い。

二月

ユネスコ大使公邸

…………一一月一日（木）

今日も天気がいい。寒さ、少し和らぐ。トゥッサンの祝日（万聖節）で花屋には菊が置いてある。日本と同じ、墓参りには菊の花。一八時近く、シテの中を散歩。西に夕日が沈んで、ピンクと青に染まった空が実に美しい。パリの夕焼けは景観とあいまって絵になる。

一九時半からユネスコ大使公邸。七区、ボスケ大通りの一二番地の二の普通の建物、といっても高級住宅街の立派な建物の五階、最上階の広壮なアパルトマンが公邸だ。ボスケ大通りは全面一方通行の大きな気持ちのよい通り。両側に細い側面道路があり、びっしりと駐車スペースがある。ここに招待されるのは二度目。今日はKサロンと称して、近藤誠一大使が文化関係者を招いて開く夕食会だそうだ。

来ていたのは日本文化会館中川館長夫妻、合気道と剣道の先生、パリオペラ座のチェリストのフランス人、日本の邦楽演奏家の若い女性二人、日本で狂言の野村家で修行をしたというフランス人の俳優夫妻、産経新聞パリ支局長の山口昌子さん、それについ最近ロン・チボー国際コンクールピアノ部門で優勝した田村響君という二〇歳の青年。この人はセーター姿の若やいだ格好で他のスーツ姿の客と好対照だが、主役は彼だ。一九九二年に野原みどりが優勝して以来の日本人による栄冠だそうだが、パリではなく、ザルツブルグで一八歳のときから勉強しているという。

総勢一八名で彼と大使がテーブルの真ん中に向かい合って座り（主賓が主人の真向かいに座るのが慣例）、一人ひとり田村君に祝辞を述べ質問などする。大使は娘さんの学校の関係で単身赴任らしく、夫人の姿は見えない。僕は先日と同じ、中川夫人の左隣の席、食事は日本の懐石風、鱈と柿と蟹のなますの先付、たまねぎと豆腐とトリュッフのお椀（吸い物）、刺身（鯛と帆立貝のお造り）、仔羊の生姜焼き、舌平目の餡かけ、きのこご飯と香の物と味噌汁、デザートは栗八橋（以上、お品書きを書き写す）。ワインの白はブルゴーニュのムールソー二〇〇〇年、赤はボルドーのサン・ジュリアンでシャトー・ラグラーンジュの二〇〇一年。日本酒の吟醸九平次で乾杯。

　別室サロンでシャンパンのあとテーブルで食事、また別室に移ってコーヒー。給仕人は二人、三等書記官が出迎え、最後に若いシェフが挨拶、みんなで拍手。一一時四五分頃辞去。

………… **一一月三日㊏**

今日はその昔の天長節、新憲法公布の日、今の文化の日、しかしまた山田爵《じゃく》先生の誕生日でもある。先生ご存命なら八七歳のお誕生日のはず。日本では快晴率が非常に高い気候上の特異日として知られているが、やはり、インターネットで調べると晴れ上がっていたようだ。パリは朝から雨模様。

　一〇時半、車でヌムールへ。A6を南下してフォンテヌブローの少し先で高速道を降りるとすぐ。パリから七〇キロぐらいだろうか、グレ・スュール・ロワンからもそう遠くない、やはりロワン川に面した街だ。この街のシャトーでザオ・ウーキー展をやっているというので、わざわざ出かけてみた。ヌムールと言えば、ラ・ファイエット夫人の『クレーヴの奥方』に出てくるヌムール公のヌムール。クーロミエのチーズといい、ヌムールの街といい、仏文畑の人には懐かしい名前。

お昼頃街についたら、ずいぶん賑わってい る。シャトーはすぐ見つかる。「中国系のザオ・ウーキーがなぜヌムールで個展を?」という質問に、「本人はこの町から二〇キロほどのところに住んでいるのです」という案内係のおばさんの返事。いや、このマダムは、今回の展覧会を企画した人でもあるらしい。「私がやりたいと思ったからよ」とも言っていた。しかし、結局あまり面白い絵はない。初期の、そう、クレーの影響と思しき小品がちょっといいかな、というだけ。

ヌムールから県道の畑の中の一本道をたどって、今度はマルゼルブへ。これもまた有名な人物の名前。一八世紀に啓蒙のフィロゾフたちを援助した出版監督局長官、フランス革命時にはルイ一六世を擁護して断頭台に消えた。トックヴィルも血筋を引いている大貴族。

さらにエタンプ経由で二〇号線を北上しシャマランドへ。ここは現在ではエソンヌ県の所有となっている有名な城と庭園があり、そのオランジュリー(オレンジ園)で藤田の絵画展を開催中。二〇〇〇年に偶然ロワシー空港で発見された藤田の大作を修復して展示したものだが、日本館所蔵の『欧人渡来の図』と密接な関連を持った絵、一九二八年作。本来日本館のために描かれたものが、薩摩氏の反対で日の目を見なかった作品と目されている。先週二八日の日曜日にオープニングがあり招待されていたのが、所用でこられなかったため、本日ヌムールと一緒にして回ることにした。

思ったよりたくさん人が来ている。広大な庭園の外れにある。木々の葉が黄色に色づいてまことに美しい。日本館に帰り着いたのは夕方四時。合計五時間半の散歩。

踊り場からの眺め

……………… 一一月四日 ㊐

日本館の馬の絵があるホールから右の扉を通って階段を上がり踊り場に出ると、目の下には日本館の日本庭園が広がっている。ここには八本のちいさな背の低い桜の木が植わっているが、それが今、いずれも見事な黄色の葉をつけている。桜は普通紅くなるものだが、どういうわけかここの桜の葉は黄色。踊り場の大きな窓は東南に面しており、天気がよい日は朝日が一面に差し込み、藤田の馬の絵は照明をつけなくても明るいほど。ホールと階段室を区切る扉にはガラスが嵌っているからである。

踊り場の窓から目を上げると、ちょうど真ん中にお隣のデンマーク館のこげ茶の煉瓦の建物が見え、その左の角に大きな銀杏の木が一本植わっていて、その葉がまた見事に黄色く色づいている。窓の左奥にインド館が見えておりさらに奥にはブラジル館がちょっとだけ見える。インド館の左隅に大きな唐かえでの木が植わっており、これがまた見事な黄葉となっている。さらに左側には農業産業館があり、インド館と農業産業館の間の奥のほうには青い美しい屋根をしたモロッコ館が見える。来年一月の再開を目指して修復が急ピッチに進んでいる。窓の右手奥はル・コルビュジェ設計のコンクリート造りのスイス館、もっと右にはスウェーデン館がこれもちょっとだけ顔を覗かせている。館長アパルトマンから二階の館長室に上がるたびにこうした景色の季節の移り変わりを目にするのは楽しい。

……… 一一月五日 月

一一時、パリ日本文化会館支援協会の年に一度の総会があるので、メトロで出かける。一二時まで一階の会議室で総会。同時通訳つき。フランス人メンバーはアンドレ・ロス元駐日大使が長老格、元シャトレ劇場会長だのパリ市立劇場会長といった実業家、それにギメ美術館館長などがいる。日本側の代表は同支援協会の会長でもある資生堂名誉会長の福原義春さん。外務省文化交流部長（山本さん）や在仏大使館文化広報担当の公使（山田さん）などもメンバー。

議事は型どおり進行。一二時から五階に移って会食。シャンパンを一杯だけ飲み、あとは会席弁当みたいな日本食が出る。文化会館は大使館と違って専従の料理人などいないから、こういうときは外注となるのだろう。

いったん日本館に戻り、午後七時過ぎ、今度は大使公邸へ。八時から日本文化会館関係者を招待して夕食会。総勢二八名の大宴会、二階の食堂はこれで人数いっぱいだそうだ。昼と同じく二宮正之先生と隣合わせだったので、もっぱら二宮さんと話す。横に細長いテーブルで、両端に大使夫妻が別れて座り、真ん中が主賓、つまりアンドレ・ロス元大使とデザイナーの森英恵さんが向かい合って座り、ロス大使の横に資生堂の福原さんが座る格好だ。両隣の人としか落ち着いて話せない。というのも、テーブルが横に長過ぎるし、向かいの人と話すにもちょっと遠過ぎるから。ロス大使は八六歳、挨拶は終わりそうでなかなか終わらない。乾杯まで長い時間がかかる。

食事は和食。ほうれん草ともやしのおひたしが突き出し。鯛の吸い物、鮪と鱸《すずき》とラングスチーヌ（手長海老）の刺身、海老と大葉の天婦羅、ご飯と豚の蒸し煮、デザートは果物の盛り合わせ。飲み物は最初に日本酒（浦霞）。猪口を空けるとすぐついでくれるので、飲みたくないときは少し残しておく必要あり。白ワインはブルゴーニュのピュリニー・モンラシェ二〇〇一年（ルイ・ラトゥール）、赤はボルドーのサン・テステフのシャトー・カロン・セギュール一九九五年。終わって別室でカルヴァドス（ノルマンディー特産のりんごの蒸留酒）とコーヒーをご馳走になりお開き。ゴンクール賞に『アラバマ・ソング』（Gilles Leroy, *Alabama Song*）、ルノドー賞は『学校の悲しみ』に決まる。

…………

一一月六日 火

夕方五時、車でソルボンヌ角の本屋カンパーニュへ。ルノドー賞を受賞したダニエル・ペナックの『学校の悲しみ』（Daniel Pennac, *Chagrin d'école*）を買う。ボナパルト街からセーヌ河沿いを通ってパリ日本文化会館へ。五時半過ぎに着く。会館創立一〇周年記念のセレモニーと能楽鑑賞、そしてカクテル。地下三階の大ホールには能舞台がしつらえてある。セレモニーは六時半開始の予定だが、混むだろうし早めに席をもらったほうがよいと思って早く行く。前から五列目の真ん中、客席は競りあがっているので舞台で挨拶する人の目線と同じ高さの目線になる。とてもよい席。

セレモニーは二〇分遅れで始まり、中川館長夫妻、小倉国際交流基金理事長夫妻（パリ日本文化会館は国際交流基金の管轄）、ギメ美術館ジャリージュ館長、森英恵さん、そして福原さんと挨拶が続く。七時四〇分頃から能鑑賞。最初に二〇分ほどフランス人能楽師のモニック・アルノーさん（金剛流能楽師範、ミラノ在住）からフランス語で能と狂言について説明がある。狂言は蝸牛、能は高砂。終わって一階ホールに移ってカクテル。樋口陽一さん、そのほか大勢。

…………一一月七日（水）

朝、小雨模様。肌寒い。

お隣デンマーク館の七五周年記念セレモニーが一一時半から。コートを着て出かける。小さな建物だが、一階ホールでレジダンの音楽の演奏を交えたかわいらしい、感じのよいセレモニー。終わって二階のレジダンの部屋を見せてもらう。シャワーとトイレがついた、コンパクトだがとても綺麗な部屋。日本館はとても太刀打ちできない。半分だけ改修が終わったところだそうだ。

…………一一月一〇日（土）

午後七時半からサロンでは新レジダン歓迎会。新しいコミテの初仕事。最初に、二八日に演奏予定のジャズピアニスト椎名豊が出演したヴィデオをみんなで鑑賞。東京でチョン・ミュンフン指揮、東京フィルと競演したものだ。これで二八日の宣伝をする。それから挨拶、司会はコミテのイタリア人学生D君。まずコミテのプレジダン（委員長）S嬢（リュクセンブルク人）が挨拶、そのあと僕が喋る。いつものように、シテの精神、文化的多様性、開かれた態度、出会い、交流といった話をする。それから乾杯、立食パーティー。

…………一一月一二日（月）

だんだん冷え込んでくる。朝方は雨模様、昼近くなって晴れ上がる。

午後八時、近藤誠一ユネスコ大使公邸で夕食会。一一月一日に呼ばれたばかりだったが、今日はパリ日本文化会館一〇周年記念で来仏したデザイナーの森英恵さんを囲む会。前回はロンチボーで優勝したピアノの田村響君がメインゲストだった。

ギメ美術館のジャリージュ館長夫妻、プチパレ（パリ市立美術館）のディレクターのシャザル夫妻、産経新聞の山口昌子さんなど一五名ほど。例のとおりサロンでシャンパン一時間ほど、食堂に移って大使の挨拶のあと、食事開始。途中森英恵さんの長い挨拶が入る。森さんは通訳を連れてきている。

食事は日本の懐石風。帆立貝ときのこのウニ和えが先付。海老と栗餅のお椀、そして刺身。太刀魚の塩焼き（パリでもときどき太刀魚を見かける）、牛肉と大根の炊き合わせ、最後は鶏とごぼうのご飯に香の物、味噌汁。デザートはほうじ茶のプリン。白ワインはロワールのプイイー・ヒュメ二〇〇〇年、赤はブルゴーニュのシャンボール・ミュジニイのプルミエ・クリュ二〇〇〇年、日本酒は伝心「雪」。赤がおいしい。午前〇時半近くお開き。車はいつものとおり、ボスケ大通りに。

………**一一月一四日（水）**

夕方六時半、ポルトガル館へ。新装なった館のお披露目、ならびに開館四〇周年の記念も合わせたセレモニーとカクテル。この館は一六九の個室を備え、劇場まである。改装はまだ完全に終わってはいないようだが、劇場でセレモニー。館長のマヌエラの司会でパリ大学区の学長、ポルトガル館財団の女性理事長、ポルトガル大使、パリ国際大学都市プレジダンのポシャール氏と挨拶が続き、続いてファドの演奏。ギターともう一台、ギターに似た楽器。歌手は女性が二人。

ポシャール氏は挨拶で「私はポルトガルにはあまり行ったことがない、ポルトーもコインブラもサンチャゴ・デ・コンポステッラも知らない。リスボンだけは行ったことがあるが」と言う。横にいたスペイン館の館長ファヴィエが、「サンチャゴ・デ・コンポステッラはスペインなんだけどなあ」と愚痴っている。

ポルトガル館の正式名称はレジダンス・アンドレ・デ・グーヴェイア。このアンドレ・デ・グーヴェイアという人は一四世紀だか一五世紀だかのポルトガル人のユマニスト（人文主義者）でパリ大学総長も務めたそうだ。モンテーニュの先生だとのこと。ヨーロッパが知的にひとつだった時代の話。セレモニーが終わってその場でカクテル。シャンパンを一杯飲んでファヴィエと一緒に退散。

………**一一月一九日**（月）

朝三度、日中七度。前日に比べればかなり寒さは和らぐ。

午後二時、ジャクリーヌ・ピジョー女史来館。昨夜電話があり、用事でポルト・ドルレアンに行くのでついでにシテに寄ると。来年二月の日本学の講演のテーマとプロフィルの入ったフロッピー・ディスクを届けてくれる。アパルトマンで日本茶とお菓子を出して歓談。森有正さんのこと、新倉俊一氏のことなど、昔の話を聞く。来年の日本学関連の連続講演会の講師九名のうち、まだ講演のタイトルとプロフィルを送ってこない人が四名ほどいる。督促の手紙を午前中書いておいたので、ジャクリーヌに見てもらう。彼女は日本で二カ月過ごして戻ったところだそうだ。毎年秋は二カ月日本とは、うらやましい限り。「ささやかな贅沢です」とのこと（日本語でそうおっしゃった）。

交通ストの日々

………一一月二〇日（火）

ストは依然として続いている。これで七日目。おまけに今日は学校や病院などの公務員のスト。朝から雨模様。清掃職員のラマ、マリヤマ、ガンサンら出勤。グールデルは来られない。気温は最低七度、最高一二度。天気は悪いがぐっと暖かくなる。

今日は朝からシテの庭師が二名、日本館の日本庭園の芝生の上に積もった枯葉を掃除している。大分前からシテのあちこち、向かいのモンスーリ公園でも、枯葉掃除が行われているが、やり方はどこも同じ。熊手のようなものでかき集めるのではない、布団乾燥機のようなもので風を噴出して吹き飛ばす。吹き寄せると言ったほうがいいか、ともかく、大量の枯葉をいっぺんに同じ方向に吹き飛ばして集める。かなり大きな音を立てる。おまけに乾いている日にはほこりも一緒に巻き上げるから、近くを通る人はたまらない。駐車中の車のガラスなどにも一斉に吹き上げられた枯葉がついてしまう。日本館の庭はそれほど広くはないけれど、それでも枯葉が大量に落ちている。おまけにこのところの雨でぐっしょりと湿った枯葉なので、二人がかりで一日仕事となる。

………一一月二二日（木）

今日もRERのB線は動いていないらしい。館長補佐グールデルは今日も来ない。メトロとトラムは七割程度の運行だそうだ。いつまで続くのか。

夕方五時過ぎ、グラン・パレ（パリの展覧会場）へ。友人の画家大島誠氏からヴェルニッサージュ（オープニングパーティー）の案内。

サロン・コンパレゾンというところに出したらしい。蓜島《はいじま》正雄君の紹介で出品できたのだそうだ。車では混んでいると見越して、トラムで。ところがこれが待てど暮らせど来ない。シテの駅で三〇分待つ。ぎゅうぎゅうで乗れない。一台見送ってようやくのことで乗り込み、ヴァンヴまで。そこから一三号線で真っ直ぐクレマンソーまで行く。一三号線は比較的早く来る。空いている。クレマンソーだとグラン・パレのまん前に出る。日本館を出てから一時間近くかかってしまう。

　グラン・パレではさまざまな公募展を同時に開催していた。楽隊が回り、広大な展示スペースにさまざまな流派の絵や彫刻が林立している。林立というのは絵に使うのは変だが、五千平米もあるというグラン・パレの展示会場にパネルを所狭しと組み立ててある。それで仕切ってたくさんの壁面を作る。そのパネルが林立しているということ。パネルにはA、B、Cの何番と表示がある。そして入口に作家の名前がアルファベット順に並べてあって、誰それはパネルC-4、というように表示してある。お目当ての作家のパネルと番号を確認して、その場所へ、という具合。

　それにしても、ものすごい人と作品の数。グラン・パレには久しぶりに入ったが、鉄骨がむき出しの高いドームは見上げるとほんとに高い。一九〇〇年のパリ万博のときにできたものだ。大改修が行われたばかりだが、漱石もロンドン留学時に寄ったはず。

………**一一月二三日**（金）

　RERがようやく動いた。館長補佐のカトリーヌ・グールデルが先週火曜日以来、やっと出勤する。メトロとバスは八割の運行状況だそうだ。

朝から雨。一一時頃、ランジス広場のマルシェへ。外に出ると霧雨、ぼーと白い風景が広がっている。しかしそんなに寒くはない。大学都市の九番地の出口を出たところで、街路樹が目に入る。葉はすっかり落ち、黒い細かい枝が神経質そうに、硬質の感じで空に広がり、一羽の大きな黒いカラスが枝に止まっている。それを目にして、どこかで見た風景だと感じる。そう、一六〜一七世紀のオランダの風景画によくある景色。空が灰色だが、これを青に変えてみれば、ブリューゲルの描く風景にでもなるだろう。目に入った瞬間、懐かしい思いがする。

未明の突発事

……………一一月二七日 火

未明の午前四時半、セキュリテ（大学都市の防犯部門）からの電話で起こされる。日本人レジダンを保護したので五分後に車で連れて来るとのこと。何事かと慌てて着替えて玄関に出ると、二名のセキュリテ要員が車でレジダンの日本人男子学生を連れてきている。裸足で震えている。話を聞けば、もう一人別の男子学生と午前〇時頃から相手の部屋でワインを飲んで話していたところ、突然殴りかかられ馬乗りになっての殴る蹴るの暴行を受けた。隙を見て逃げ出し、地下のトイレに一時間ほど隠れたあと、鍵も持たないのに日本館外に出てしまい、ふらふらと国際館まで歩いて行った。そこで誰かに会って、二七番地入口のセキュリテに連れていかれたのだという。礼を言ってセキュリテ要員二人を帰す。とりあえず暴行現場の部屋へ裸足の学生と二人で上がり、寝ていた相手の学生を起こして部屋の鍵と携帯電話とスリッパを取り返して、殴られた学生を部屋に帰す。僕はそれから再び寝る。

午後三時半から一時間、ついで四時半から四〇分ほど、未明の暴力事件当事者の男子学生二名から個別に事情を聞く。両者は仲のよい友達だった、殴ったほうが最初に好きになった女の子が、殴られたほうの男の子を好きになった、友人に裏切られたと思った最初の男は、ワインの勢いもあってつい殴りかかってしまった、恋の恨みを拳骨で晴らしたという次第。ところが、それでやめておけばよいものを、逃げたほうを追っかけて廊下で大声を出しドアを蹴ったり叩いたりしたものだから、大勢のレジダンが出てきて、一件はみんなの知るところとなってしまった。さてどうしたらよいか。

夜、当事者の一人で殴られたほうが、友達のレジダンと一緒に館長アパルトマンへやって来る。「自分は一方的な被害者だ」と言い張る。「彼（殴ったほうの学生）がいたらまたいつ乱暴されるかわからない、危険だから彼を日本に帰国させてほしい」と要求する。しかし、「そもそも事件の原因を作ったのは友達の親しい女性を奪った君にあるのではないか。君も一方の当事者だし、もしかしたら加害者かもしれない。よく考えたまえ」と言ってやる。

一日中、いろんな人から事情聴取。レジダンのほうから私にご注進にくる者もいる。なぜこんなことが起こったのか、その理由と背景を知らねばならない。殴ったほうの日本の指導教授にもメールを送り、ひょっとして酒乱による騒ぎの前科はないか問い合わせる。

……… 一一月三〇日 ㊎

朝一〇時半、殴られた青年とその恋人の女

性が連れ立って館長アパルトマンへ。再び、一方的な被害者だと言い張る。君だって、考えようによっては加害者かもしれないよと説明しても、ぴんとこないらしい。日本館の事件だから、館長はわれわれを保護する義務がある、責任を持って自分たちをプロヴァンス館へ入居斡旋してほしい、と自分勝手な要求を繰り返す。日本館の事件？　冗談言ってはいけない、日本館で〈君たちが〉引き起こした事件ではないか！　当事者意識の欠如。みんなに迷惑かけたという気持ちはないらしい。一二時半まで二時間話をするが、あまりにも言うことが自分中心で幼い。

　午後一時、パリ一二大学へ。RERのB線、メトロ六号線、つぎに八号線と乗り継いで、着いたのは午後二時を一〇分ほど回っている。K君の博士論文審査である。自然の存在論と題して、メルロ・ポンティ、ハイデガー、そして道元を論じたらしい。K君のフランス語会話は九年もフランスに住んでいたにしてはちょっと心もとないが、論文の内容はよかったものと見える。たいへんな褒められ方をしている。審査は午後六時半に終わり、協議ののち、結果発表。審査員も起立、本人と傍聴人も全員起立。最高のマンション・トレ・ゾノラーブル（mention très honorable 優の上の秀）、審査員の全員一致、祝福付き。

十二月

……… **一二月一日 ㊏**

朝一〇時半、レジダン三名をアパルトマンに呼び、暴行事件について意見を聞く。当事者二名から出された「始末書」と、私が作成した四百字詰め原稿用紙で二〇枚ほどの調査結果とをコピーして配布（これらはあとで回収した）。調査結果を読み上げる。今後取るべき処置を協議。殴ったほうは、今後酒を飲まないと誓約しなければ日本館に残るのは難しい。とりあえず、明日午後二時から図書室で女性を含めて当事者三名が話し合い、館長とレジダン三名が立ち会うことになる。

　気分を晴らそうと、夕方四時一五分から、アレジアにて映画を観る。メトロで行く。ドイツとトルコの合作映画『向こう側』（*De l'autre côté*）。ドイツ（ブレーメンとハンブルク）とトルコ（イスタンブール）が舞台。ドイツ語、トルコ語、それに英語が飛び交う。母と娘が二組、父と息子が一組、合計三組の親子がいる。最初にトルコ移民の母親が死に、その娘が母親の死んだのを知らずに残される（娘はトルコの反体制の学生〝テロリスト〟）、死の原因を作ったトルコ移民の老人は刑務所へ。その息子である若い大学教授が取り残される。三組目のドイツ人の親子では、娘が死に（ハンナ・シグラ演じる）母親が取り残される。三組の親子の六名のうち、三名が取り残される、この三名がどのように不思議な形で結びつくかが見どころ。いい映画だった。二時間。ポルト・ドルレアンまで歩いてトラムで午後七時過ぎに帰還。

　帰ってから、半分ぐらい残っていた佐藤優の『国家の罠—外務省のラスプーチンと呼ばれて』を読み終える。実に面白い本だ。

……… **一二月二日 ㊐**

午後二時から図書室で事件当事者三名と立会いのレジダン三名、それに僕の七人集合。話し合いに立ち会うだけで、聞き役のはずが、途中でレジダンの一人が口を挟んでから、次々に自由に発言する会となる。プロヴァンス館へのブラッサージュ（交換入居）を希望していた例のカップルは、主張を変え、やはり日本館にいたいという。カップルは二人ともスーツ、男性はネクタイ着用の正装。冒頭二人で立ち上がって直立不動となり、殴ったほうの学生に向かって、＊＊＊君、申し訳ありませんでした、と深々と頭を下げて、なかなか下げた頭を上げない。みな、唖然となる。一応、双方和解。

われわれ立会人は口を開かず、ただ聞いているだけのはずだったが、途中で立ち会っていた学生の一人が発言を求め、「こんなのへんや、こんなセレモニー、誠意が感じられへん、謝るんやったら、迷惑かけた人んとこ、一人ひとり訪ねてあやまるべきや」と関西弁でまくし立てる。この男子レジダンの極めてまっとうな憤慨がきっかけで、もはや単なるセレモニーではなくなり、立会人も交えて自由に発言する会に変わる。最後に、殴ったほうの学生に、「酒をやめないと日本館には置けないから、よく考えて、やめられると思ったら誓約書を出すように」と申し渡す。三時半過ぎ終了。日本館の静かな日々を突然襲った暴風みたいな出来事も、一応これで落着か。

日本館の友人たち

……… **一二月五日 ㊌**

一一時、日仏医学会会長のルヌー教授と事務局長のベナムー博士来館。館長室で一時間一五分ほど話を聞く。日仏医学会の歴史、活動内容、特に日本館やパリ日本文化会館、東京の日仏会館を舞台にして最近行った講演会などの話が中心。二人とも日本に何度も行ったことのある親日家。つまり日本のお友達だ。

ルヌー教授はコシャン病院勤めとわかって、以前、二〇〇〇年の九月に僕が胃の内出血でコシャン病院に担ぎこまれ五日で追い出されたという話をすると、フランスは日本と違って、病状が回復するとすぐ退院措置になるんですよ、とのこと。来年の日仏交流一五〇周年記念事業の一環として、日本館で四月八日に「パリ症候群」をテーマに研究集会を開くことになる。精神科医の太田先生がメイン・スピーカーだそうだ。ただし、日程は今後調整することに。

……**一二月六日（木）**

このところ暖かい。朝の最低気温八度、日中は一四度。

一一時、日本館アンシャン・レジダンの会（旧居住者の会）の元会長のドリーユ氏、来館。館長室で懇談する。ドリーユ氏は一九五四～五五年頃の日本館レジダンで、一九六五年頃にアンシャン・レジダンの会を立ち上げたとき会計担当だったそうだ。そのとき初代会長になったのが、医者のピショー氏で、この人は今でも大使館のパーティーや日本館管理理事会で顔を見る。アンシャン・レジダンの会は一九七〇年代には活発に活動をし、年次総会や旅行などしょっちゅう何かやっていたが、今ではすっかり沈滞してしまった。なぜかといえば、昔は日本館のレジダンは日本人とフランス人が半々だったから。つまり、パリに住むフランス人が中心にならないとアンシャン・レジダンの会は活動できないのだ。最近は、フランス人のレジダンは年に一人か二人である。事実今年は六五人のうち四二人日本人、残りの二三人は一七カ国の非日本人だが、フランス人はそのうち二人しかいない。

　ドリーユさんが今日やってきた目的はしかしその話をすることではなく、引退後彼がやっているパリ一五区の教育功労（パルム・アカデミック）勲章受賞者の会で何か話をしてくれ、ということ。来年三月というので、帰国直前で無理、とお断りする。代わりに日本文化会館の中川館長を推薦する。

　夜八時から、ソプラノとハーモニカという変わった組み合わせのコンサート。声楽は元レジダンの小橋さん、パリに来て一五年だそうだ。イタリア古典歌曲、フランス歌曲、最後に日本の歌曲、ピアノ伴奏はハーモニカの宮田さん（宮田東峰とは関係ないとのこと）。間に宮田さんのハーモニカ独奏が入ったが、なかなかのもの。ハーモニカ仲間のフランス人の老人たちが大勢来ている。終わってカクテル。

……… **一二月八日 ㊏**

　午後七時半から、レジダンのクリスマス・パーティー。昨日、樅の木を近所のスーパーから買ってきたらしく、ホール奥の藤田の馬の絵の前に置きっぱなしにしてあった。それが、今日午後になって、レジダンのD君（イタリア人）ともう一人、Eさん（ギリシア人の女の子）の二人で樅の木をサロンに移動して飾り付けをしている。飾りはレジダン用フォワイエ（集会室）にしまってあるのを取り出して使う。

　第一部は元レジダン白井奈緒美とその友人の二名のサキソフォン・コンサート。飾り付けをした樅の木は舞台右脇に置かれている。コンサートは結局九時半近くまでかかり、それから、レジダンとその友人以外は帰ってもらうようにD君が館内放送してから、パーティーのセッティング。途中レジダンのM君のフルート演奏あり（ピアノはM君の友人）。一時半頃先に失礼したが、パーティーは午前二時頃まで続いたらしい。参加者は六〇～七〇名程度。

非直轄館会議

……………一二月一〇日（月）

朝から小雨、寒い。

午後二時過ぎ、車でカナダ大使館へ。初めて行く。モンテーニュ大通りのシャンゼリゼ劇場近く。シテからだと、アンヴァリッド（廃兵院、ナポレオンの棺があるので有名）の西脇をセーヌ河目指して進み、そのままポン・デ・ザンヴァリッド（アンヴァリッド橋）を渡って斜め左にフランソワ一世街を入っていくとフランソワ一世広場を通り過ぎたところでモンテーニュ大通りと交差する。その先に地下駐車場があるので、そこに駐車する。前にも一度停めたことがある。クローデル賞選考委員会のときだったか。そこからカナダ大使館までは歩いてすぐ。雨が降っているので大きな傘を持って行く。シテからは三〇分で着く。

予定より大分早かったが、ベルギー館の館長ペーターとベルギー大使館の公使はすでに来ている。一緒にソファーで歓談しているうち、続々と非直轄館の館長連中、それに大使館関係者が集まってくる。カナダ大使館は警備が非常に厳しく、携帯電話はもちろん、電子辞書まで北山書記官は取り上げられてしまう。リビアのカダフィ大佐がちょうど同じ三時頃、三四年ぶりのフランス訪問でオルリー空港に着くことになっていたが、この警備はそれとは直接関係ないか。

会議は三時半頃から始まる。カナダ大使とスイス大使、それに両国の公使が参加し、カナダ大使が議長。大学都市本部の新定款案の審査を来年一月一一日に本部の管理理事会に諮りたいとする大学都市側の提案に対して、これを認めるべきかどうか、これが議題だが、非直轄館の公益法人化後、分担金の負担割合が増えないかと懸念する非直轄館側は、このまま分担金問題についての説明抜きで本部の新定款を承認することはできない、と非常に強硬な意見が続出、結局その旨伝達することになる。非直轄館を代表してフランス側（大学都市本部、パリ大学区事務局、外務省、高等教育・研究省、内務省などを総称してフランス側と呼んでいる）と折衝してきたカナダ館、スイス館、ベルギー館と三国の大使館は比較的柔軟な姿勢だったが、そのほかの大使館、特にドイツ、モロッコ、スペインなどの関係者が分担金の増大を懸念して強硬な姿勢を貫く。もちろん日本館と日本大使館も公益法人化に伴う分担金の増大を警戒している。会議はすべてフランス語。フランス語圏のカナダ、ベルギー、スイス、モロッコの大使館員や館長がフランス語を流暢に操るのはともかく、ドイツ館やスペイン館の館長などもかなりたくみに喋るのは偉い。

会議が終わって、近くのキャフェで北山書記官とココアを飲みながら打ち合わせ。外務省の広報文化部長が視察の際に日本館サロンの椅子が貧弱なのに目を留めて、百万円の予算をつけてくれたのだそうだ。カタログを受け取る。よさそうなのを見て選んでほしいとのこと。こちらからは、日本館が当面する工事、特に共同調理場の排水と排気装置の交換、共同シャワーのガラス扉取り付け工事、そして一一の個室のシャワー取り替え工事、総額六万ユーロを越える見積もりが出ていることを説明して、その費用をどうするか、相談。よい知恵浮かばず。前・元館長連中にメールを送り、本部に預けてある日本館基金一七万ユーロの一部を工事費として取り崩して構わないか、打診することとなる。経常予算から大規模あるいは中規模改修工事の費用を積み立てる余裕はとてもないので、工事が必要なときその費用をどこから捻出するかは、頭の痛い問題だ。はっきり言って、日本館の経常予算では無理。とても余裕はない。先を見越して早めに外務省に予算請求の陳情をしておくしか手はない。帰館は午後七時半。かなり疲れる。

………一二月一一日（火）

この日も一日雨、寒い。寒いだけではなく、うっとうしい。暗い。ヨーロッパの冬景色だ。日本館内は暖かいので外から館内に入るとほっとする。

昨日の工事の見積書（フランス語）を日本語に訳す。部品や製品名がよくわからないので、共同シャワーと共同調理場を会計担当のグールデルやラマと一緒に見て回って確認する。前・元館長に長いメールを送り、教示を請う。さっそく返事あり。本部に預けてある基金を取り崩すのも止むを得ないという意見と、それはやめたほうがよいという意見と、両方。

………一二月一二日（水）

だんだん気温が下がってくる。週末からは最高気温一度、最低マイナス三度ぐらいになるらしい。

二〇〇八年の日本館の催し（文化行事）を日仏交流一五〇周年記念事業として申請するための書類作りをする。エクセルの、改行の仕方とか、細かい入力の方法に通じていないため、レジダンのH君の世話になる。いろいろ教えてもらう。

日本館で一月からやる行事は、基本的にすべて認定事業として申請する。特に、二つの連続講演（「日本学の現在」、と、「日本館と私」）については、目玉となる企画なのできちっと申請する。「日本学の現在」については、北山書記官から大使館の後援を申請してはどうかという話があったので、その申請書類の雛形をメールで送ってもらう。そんなに難しくなさそう。

今日は交通ストのはずだったが、それほど混乱していないらしい。メトロが通常の八割、バスとトラムは九割、RERのB線（ここはいつも強硬なストを打つ）は六割の運行。

夕方五時半、大使公邸へ出かける。RERは避けてトラムでポルト・ドルレアンまで。そこから四号線でコンコルド広場まで。そこから歩いて五分。六時半からの天皇誕生日パーティーは、一〇分ほど早めに着いたが入れてくれる。金屏風の前に飯村大使夫妻と駐在武官（防衛省から出向中）夫妻が並んで立って、来客の挨拶を受けている。早めに着いたので長い行列を作らずにすむ。昨年、飯村大使着任パーティーのときは一時間以上も並んでひどい目にあった。早く行くに限る。全日空の飯田支社長と一緒になる。サロンだけでは足りないと思ったのか、庭園にテントを張り出して、サロンの倍以上のスペースを作っている。にもかかわらず次第に人数が増えて、やがてぎゅうぎゅうに。身動きも取れないほど。

早めに来たのでゆっくりとシャンパン、赤

ワイン（ジュヴレ・シャンベルタンとシャンボール・ミュジニー）、寿司（職人の注文握りあり）、焼き鳥、天婦羅などを味わうことができる。仏教学のアカデミッシャンのジャン・ノエル・ロベール氏、平安期文学研究者で谷崎潤一郎の監訳者でもあるジャクリーヌ・ピジョーさんたち、この人たちとは日本語でいいから楽だ。近藤ユネスコ大使、北島OECD大使夫妻、フランク淳子さん、などなど。七時一〇分過ぎ、パーティーが盛り上がっているところで、退出。あとで聞いた話では、女優のシャーロット・ランプリングが来ていたそうだ。どういう関係で来たのか知らないが、気づかなくて残念。そういえば、エコール・ポリテクニックの制服を着た若い男の子もいたが、一体あれは何だろう。なぜ駐在武官が挨拶を受けるのかも不明。

大使公邸から急ぎ足でコンコルド広場まで戻り、メトロ一号線で凱旋門へ。どこも、クリスマスの飾り付けでまことに綺麗。凱旋門からオッシュ大通りを歩いてサル・プレイエルへ。アニマ・エテルナという名前のバロックや古楽器の演奏を得意とするらしい小さなオーケストラのコンサート。ピアニストの何とか言う人が指揮とピアノで、ベートーヴェンのピアノ・コンチェルト一番と交響曲五番。ピアノは一八四〇年頃のものを使用し、ベートーヴェン時代の音を再現。正統派のベートーヴェン解釈だそうだ。会場はかなり空いており、最初第二バルコンの自分の席で遥か上から見下ろすようにして聞いていたが（全体が見渡せて、悪くはない）、後半、『運命』のとき、一階オーケストラまで下りて、前列二列目で聴く。小さいけれど迫力ある演奏で満足。一一時頃メトロ六号線で帰館。

なり低い。

………一二月一三日（木）

青空が見える。ただし、風もあり、気温かなり低い。

一五〇周年記念の申請書類作り。大使館後援申請書も。夕方六時、日本館を出て、メトロ四号線でサン・ジェルマン・デ・プレまで。ヴィスコンチ通り二番地で開かれているピアニストのフジコ・ヘミングさんの個展（水彩とリトグラフの小品展）のオープニングへ。教会の周辺、サン・ジェルマン・デ・プレ界隈はさすがにクリスマスの飾り付けで美しい。教会正面外の左側にクレッシュ（キリスト生誕場面の模型）があったのでのぞいてみる。イエスが寝ているはずの小さな籠の中には誰もいない。まだ生誕の日になっていないので、イエスの人形だけは置いていないのだ。他はすべて、マリアも牛など動物たちも、みないる。

画廊は小さく、地下室もあるけれど、続々と友人知人が詰め掛けるので足の踏み場もない。フジコ・ヘミングさんはなんだか不機嫌そうな顔をして、入口近くで、入ってくる客にカタログを渡している。名刺を出して挨拶したが、すぐ顔をそらして、ちゃんと聞いている風に見えない。反応も芳しくない。なんだかふてぶてしい態度だ。「やりたくてやってんじゃないよ、こんな個展なんか。売れなくたって別にかまわないんだからね」、そんな感じだ。ご本人のこんな様子はともかく、絵のほうはとても面白い。「ピアノよりもいいですね」、なんてことをもしもフジコさんにうっかり言ったら、「あんた、帰んな」、と怒鳴られそうだ。

大勢の客の中に、薄い緑色の着物を着た上品な女性がいる。どこかで見た顔だと思ったら、あのバルテュスの奥さんのクロソウスキー節子さん。典型的な日本女性とバルテュスが見初めただけのことはある女性に見える。挨拶して少しおしゃべりする。

……一二月一五日(土)

いよいよ冷え込んできた。最低マイナス五度、最高一度か二度。冷凍庫の中にいるよう。昨夜遅かったのに、朝七時過ぎに起きる。九時半から新しい国立図書館のそばの新しいパリ第七大学の校舎でフランス日本研究学会の総会があるので早く起きる。六号線でイタリア広場の二つ先のシュヴァルレまで行き、そこからシュヴァルレ街を一〇分ほど歩く。途中、岡眞理子さんが後ろから追いかけてくる。寒い。九時三五分ぐらいに着く。

小さな教室二つ合わせた会場には、日本学関係の人たちが三〇人ぐらい集まっている。坂井姉妹(セシルとアンヌ)、アニック・ホリウチ、トゥールーズ・ル・ミライユのクリスチアン・ギャラン、文化会館から岡眞理子さんと田村彩さん。大使館からは誰も来ていない。会長のキビュルツが年次報告、会員数二八〇人、年間予算は二万ユーロ足らず、個人会員の年会費は三〇ユーロという。会長報告に続いて会計報告、それからフランス日本語教師会の石井陽子さんの報告、二〇〇八年一二月のリールにおける研究大会の準備状況の報告、日本の国際協力基金とフランス日本研究学会との関係についての岡さんの報告(いずれもフランス語)、そして、次期執行部の選挙による選出。

ようやく一一時半になって、メインの講演となる。大阪の国立民族学博物館教授の中牧弘允さんの〈会社宗教〉についての話。映像(パワーポイント)を使って約一時間半。会社宗教とは聴かない言葉だが、要するに日本の企業が仏教や神道を会社経営にいかに巧みに利用しているかという内容で、特にパナソニック（松下）とソニーの事例を具体的に説明する。

午後一時頃終わって、それからキビュルツの車でレストランへ。五区の「ラ・ヴォワ・ラクテ」（天の川）という名のトルコ料理屋。カルディナル・ルモワーヌ街だが、ここはコレージュ・ド・フランス（パリにある公開講座制の高等教育機関）やパリ第七大学（ジュスュー）から近いので、研究者や教授のカンティーヌ（昼を食べる社員食堂みたいなもの）となっているのだそうだ。つまり、インテリが集まる、安くて感じのいいレストランということ。中牧さんとキビュルツ、それに次期会長のイナルコのミシェル・ヴィエイヤール・バロン、文化会館の二人（眞理子さんと彩さん）、それに僕の合計六名。ミシェルは教授になったばかりでまだ若いが、面白い男。藤原定家の専門家。三月はじめに一週間日本館で書道展をやる。日本人会の同好会で安本マルタンさんが指導しているグループ。その期間中に、彼が定家について講演してくれることになっている。書道展のテーマが百人一首で、ミシェルの講演のほかにも、カルタ（百人一首）大会やお雛様もやる予定と安本さんは言っていた。

夕方八時から、今度はパリ日本文化会館に結城座の江戸糸操り人形劇『牡丹灯篭』を見に行く。七時過ぎに車で出て、早めに着いたので、よい席をもらえる。前から二列目の真ん中で、ちょうど人形の目の位置ぐらいになる。ところがこの糸操り人形公演は看板に偽りあり。主役は中村中という二二歳の青年、青年のはずが女性のような声と身振り。この演歌歌手が伊勢屋の娘役を演じて歌うのだが、人形を見に来た人にはまったく邪魔な存在。

着物姿も品がなく、歌も凡庸な歌謡曲、カラオケで聞きたくもない曲をいやいや聞かされたような気分になる。おまけに舞台中央真ん中に映像用の幕があり、そこに現代の東京やら神戸大震災の映像やらが忙しく映し出される。楽団もシンセサイザーのような馬鹿でかい音響で耳障り。これでは結城座が泣く。人形が可哀そう。要するに、期待を裏切るひどい演出だったということ。げんなりして一〇時半頃戻る。

……………一二月一六日 (日)

午後二時半からオペラ通りのオペラ座（サル・ガルニエ）でヘンデルのオペラ『アルチナ』(*Alcina*) を見る。アリオストの『狂えるオルランド』に登場する魔女が主人公。タッソーの『解放されたエルサレム』にも同じような話が出てくるらしい。一時半に日本館を出て、RERのB線とA線を乗り継いで、オーベール駅で降りると、地下道でオペラ座前まで行ける。二時ちょっと過ぎに着く。オーケストラボックスのすぐ後ろ、前から二列目の左端から二つ目の席。

一七三五年初演のこのバロック・オペラは、演出はやや感心しないところもあったが（たとえば、素っ裸の男二人が性器をむき出しにして最初から最後まで舞台をうろうろする。アルチナに魔法にかけられた男たちだが、日本では考えられない演出）、全体として素晴らしい出来だ。三幕、各幕一時間前後で合計三時間以上、幕間が二〇分ずつ二回で、終わったのが六時半、四時間かかる大作だが、まったく飽きさせない。二幕の魔女アルチナの悲しみのアリアには観客席のいたるところからすすり泣きが漏れる。演じたのはイギリスのソプラノ、エンマ・ベル。この場面に限らず、全編美しいアリアに溢れたオペラ。モルガナ役のウクライナのソプラノ、オルガ・パシシュニクも素晴らしい。どちらも初めて聞いたが、すごい歌手が世界のいたるところにいるものだ。指揮は若いフランス人のジャン・クリストフ・スピノージ。ヴァイオリニストでもあるそうだが、二幕のアルチナの悲嘆のアリアでは美しい旋律を指揮者自身がヴァイオリンで披露する。心から感動して戻る。

年末のご招待

一二月二〇日 木

夜七時半、ジャクリーヌ・ピジョーさんと二宮正之先生を拙宅に夕食に招待。鮪とアボカドのサラダ、ルージェ（ひめじ）のから揚げ餡かけ、茶碗蒸し、鮭の押し寿司、デザートは焼きりんご。アペリティフにシャンパン（マイイー・グランクリュ）、白はプイイー・ヒュイッセ、赤はコルナスとサン・テミリオン。

ピジョーさんは来年二月二三日に、連続講演「フランスにおける日本学の現在」の第二回目講演を、二宮先生は二月二八日に、これも連続講演「日本館と私」の第一回講演を、それぞれお願いしてある。昔の話から、サルコジのローマ訪問とヴァチカン・サンピエトロ寺院のフランス人教会の聖堂参事会員になった話まで、そしてお二人の師であった森有正氏の思い出話まで、よく飲みよく食べ、話に花が咲く。調子に乗ってルソーのオペラ『村の占い師』の占い師のアリア（僕の十八番）を歌ってしまう。一一時半、寒い中をお帰りになった。

一二月二一日 金

少し寒さが緩む。と言っても、朝八時半で

氷点下七度。日中は四度ぐらいまで上がっているようだ。

午後一時過ぎ、メトロ六号線でパリ日本文化会館へ。ビル・アケム駅が工事で停まらないので、ひとつ手前のデュプレックス駅で降りて歩く。二時少し前に着いた。地下三階の大ホール（三百人収容）で、「文化資源という思想」なるシンポジウムを聞く。文化遺産とか文化財ではなく、文化資源という新しい言葉、新しい概念を作ろうという話らしい。この概念を立てることでこれまで見えなかったものも見えるようになる、というのだが、はて、三つ発表を聞いた限りでは、そもそも概念として成り立っていないのではないか、と疑問に思える。一九五〇年代の日本におけるテレビ草創期のコマーシャル・アニメの分析、旧制高校の寮歌の分析、そして、京都の寺社保存運動の保存記念物選択基準の問題、と聞いて、説明に交えた映像は面白かったが、寮歌にしてもコマーシャル・アニメにしても、研究の対象とはなっても、活用すべき資源などといえるものなのかどうか、はなはだ疑問。

夜七時二〇分から、アレジアで映画を見る。車で出かけ、いつものところに駐車。夜七時を過ぎると平日でも駐車は無料となる。リュック・ジャケの『狐と子供』（*Le Renard et l'enfant* フランス映画、九二分）。フランス南東部アン県（ブルカンブレスが県庁所在地）あたりの山岳地帯と森が舞台となっているらしい。フランスにはものすごくたくさんの野生動物が生息しているのには驚かされる。狐だけではない、アナグマ、川獺、ハリネズミやモグラやヤマネやリスの類はもちろん、いのしし、鹿、狼、山猫（みたいな、何といったらよいか、豹のような大型の、見るからに恐ろしい猫属の野獣）、大きな熊まで登場する。一〇歳ぐらいの少女と狐の交流。動物だけでなく、昆虫（蝶、蜘、ほたる）や花も美しい映像で捕らえられている。ただし、映画としてはやはり物足りない。

………一二月二二日（土）

今日は冬至。昼と夜の長さが同じになる。

パリは今日も天気がよい。朝八時半で氷点下五度。それでも日中は幾分温かくなる。五度ぐらいまで上がっている。一〇時半、シテの中を散歩する。朝日がなかなか上に上がらないので、東から西に向かって低い角度で光が建物や木々に当たっている。影が長くできてそれがまた美しい。朝一〇時過ぎと日没の四時半から五時ぐらいは、光がとっても綺麗だ。緑の芝生の上にはうっすらと霜が下りている。夜間に水滴が凍って白い層となって芝を覆っている。いわゆる日本の霜柱とはまるっきり違う。地中の水滴が氷結して地表に頭を出したのとは異なって、日中の水滴が夜間に凍ったのだと思う。それが一面白く覆っている。まるで雪が降ったよう。

三日ほど前から佐藤優の『帝国の崩壊』を読んでいる。これもまたたいへん面白い。『国家の罠』とともに、外交官とその志望者必読の本。

夜八時、地下の小サロンでレジダンのF君が友人たちにフランス料理を振舞う会に呼ばれたので、ワインを一本持参して参加する。総勢一〇人、アミューズ・グール（突き出し）にオマール（ロブスター）、フォワグラ（肥育したがちょうや鴨のレバーペースト）の前菜、魚はルージェ（ひめじ）のフィレ、肉はカナール（鴨）、デザートはチョコレートケーキなど、すべてF君のお手製。シャンパン、白ワイン、赤ワインと全部揃っている。相当費用もかかったろうが、参加者がシャンパンは誰、ワインは誰、と分担したらしい。一一時半まで。

……一二月二三日 (日)

午前一〇時頃、オーギュスト・ブランキ大通りのマルシェまで出かける。駐車場所をボビヨ街の近くにうまく見つける。さすが、クリスマスが近いので混雑している。鳥屋さんでシャポン・フェルミエ（食肉用に太らせた去勢した地鶏）を買う。栗も買う。栗は鳥の中に詰めてオーブンで焼く。シャポンはクリスマスなど特別の夜の食事に供する去勢した雄鶏で、ルイ一四世が愛したという話。値段も特別に高い。フェルミエは「農家の」という意味だが、つまりは大量生産でなく、日本で最近問題になったいわゆる地鶏のこと。このほうが格段に旨い。

午後、『帝国の崩壊』、読み終わる。外務省の内部事情、ソ連邦崩壊前後のモスクワやリガの政治家群像、小説のように面白く読める。

……一二月二四日 (月)

大分寒さが緩む。一二時過ぎまで館長室で執務。外の扉に一月三日まで閉室の張り紙をして退出。

夕方、ソルボンヌ角のカンパーニュ書店に『哲学者キリスト』（Frédéric Lenoir, *Le Christ philosophe*）という評判の本を買いに出たが、クリスマスのプレゼント用に売れているらしく、品切れ。地下の売り場でいろいろ見ていると、突然日本語で声をかけられる。ジャン・フランソワ・サブレだ。来年一月二六日の講演会の件で何度連絡を取ってもつかまらないので、いいところで出会った。さっそく講演題目などを聞く。驚いたことに、講演原稿を作る暇がないので、友人の社会学者を連れてきて、二人で対談をするという。勝手に決めてしまったらしい。しばらく話して上の階に上がると、奥さんのイヴォンヌもいる。久しぶりに顔を見る。

………… 一二月二五日 火

イエスの生誕を祝う祝日。午前中モンスーリ公園に散歩に行ったら、まだ氷が張っている。池のそばには手回しよく、「氷の上を歩くこと禁止」(*Il est interdit de marcher sur la glace.*)の大きな立て札が立っている。緑の芝生には一面雪のように白い霜のようなものが降りている。大勢の人が散歩している。ジョギングする人も相変わらず。池をぐるっと回って戻る。

夕方、国立図書館の映画街MK2に出かける。広くて綺麗な新しい映画館。たくさん部屋がある。エマニュエル・ムーレが監督・主演の新作を見る(フランス映画、一時間四〇分)。しかし、これ、何と訳せばよいのか。『キッス(それともセックス?)を、お願い』(*Un baiser, s'il vous plaît*)とでも。人物を胸より上のアップで撮り、背景は白い壁や美術館の絵画だったり。室内の映像が多く、会話も洗練された心理描写みたいな会話で、抽象的な言葉が比較的ゆっくり話されて聞き易い。まるでマリヴォーの心理劇を見ているような印象。いかにもフランス映画といった感じ。

大統領(サルコジ)がクリスマスのヴァカンスをエジプトのルクソールの豪華ホテルで過ごしている映像。最近できた元モデルの恋人でイタリア系シンガーソングライターとジーパン姿で手をつないでいる。こんなに軽薄な印象の大統領では、フランス国民はさぞかし恥ずかしいだろう。それとも、微笑ましい?

……… **一二月二六日** 水

夕方七時一五分過ぎ、コメディー・フランセーズへ。家内と娘と一緒。車で三〇分ぐらい。ピラミッドの近くの路上にうまく駐車場所を見つける。そこから五分ほど歩いて、パレ・ロワイヤルのコメディー・フランセーズの建物へ。入口の前のところで待っていたらほどなく岡眞理子さんがやってくる。昨年秋に『ル・シッド』(*Le Cid*)を見て以来、コメディー・フランセーズは久しぶりだ。

『ル・シッド』があまりに期待はずれだったので、行く気がしなくなっていた。今日はモリエールの『気で病む男』(*Le malade imaginaire*)の最終回。インターネットで買おうとしたら売り切れ、当日券が六五枚だけあって開演一時間前から売り出す、というので、仕方ない、並んで買おうかと思っていたら、岡さんがどこからか座席を手に入れてくれた。それが、昨年秋に同劇団のトップになった女優で演出家のミュリエル・メイイェットの席なのだという。岡さんはパリ日本文化会館の副館長で、ときどきコメディー・フランセーズの招待券も役得でもらうらしい。おまけに上層部につてがあるらしい。そこに電話してなんとかならないかと頼み込んだところ、二枚は代金を払うが二枚は招待券の、都合四枚手に入れた。総勢四人で、二人分払えばよいことになる。

ミュリエルと同じロージュ(ボックス席)と思って一応それなりのみなりでネクタイをして行ったが、彼女はいない。二階正面。八人用のロージュで、総支配人(administrateur général)用の席だそうだ。この女優は一度も見たことがないが、まだ四二、三歳のやり手、昨年夏に文化大臣の指名で突然マルセル・ボゾネの後任に就任してマスコミを騒がせた人だが。ボゾネは二期目の継続を期待していたのだ。

『気で病む男』はやはり面白い。トワネットは若い痩せ型の女優で、昔見たフランソワーズ・セニェーとはずいぶん貫禄が違うが、上手だった。アルゴン役のアラン・プラロンは昔、七〇年代に僕がコメディー・フランセーズによく通っていた頃に出ていた役者。いわゆるジュンヌ・プルミエ（主役を演ずる二枚目俳優）ではなかったが、スカパン役などを覚えている。それがアルゴンとは！　プログラムを見ると、すでに劇団の名誉会員だ。トマ・ディアフォワリュスのお馬鹿ぶりも見事だった。次女のルイゾンもかわいかった。みな、知らない若い俳優になっている。そうだろう、僕がよく見ていたのは今から三〇年以上も前、ジャック・トージャがトップで、フランソワ・ボーリューだのルドミラ・ミカエラだのが活躍していた時代だ。エチュヴェリーにルイ・セニェー、などなど。女優のポール・ノエルが贔屓で、彼女の舞台は全部見た。

今回は総じて声が小さく台詞が聞き取りづらかった。耳が遠くなったせいかとも思ったが、あとで聞いたら他のみんなもそう思ったそうだ。それから、照明が暗くて、陰気な感じの舞台だった。しかし、会場は大笑い、随所に拍手も出て、和やかな満足した年末の観劇となる。出し物が出し物だけに子供の観客が多い。客の服装も普段着という感じの人が多い。年末家族連れの一夕だ。国立の由緒ある劇場だが、フランス庶民の間に根付いているのだろう。東京の国立小劇場の文楽公演などとはよほど雰囲気が違う。歌舞伎座ともずいぶん違う。バスチーユのオペラ座のように気取ってもいない。日本人や東洋人の観客はほとんど見かけない。声が小さくて、早い台詞は聞き取りづらかったが、まあ、話の内容はよく知っているので十分楽しめる。

…………一二月二九日（土）

一日曇り、ときどき小雨。最高一〇度ぐらい。暖かい。

夕方、七時前に車でヴュー・コロンビエ座へ。コメディー・フランセーズのモリエール作『才女気取り』（*Les Précieuses ridicules*）。一時間の劇。主人公の娘役二人がなんとカトリーヌ・フェランとカトリーヌ・イージェルという年増の大女優二人。演出は超現代風。客席は舞台に向かって細長い。三百席。カトリーヌ・イージェルは七〇年代に何度か見たが、あの頃はまだ若い小娘だった。今回も岡さんのつてでとてもいい席。招待席で堪能する。終わってコメディー・フランセーズのスクレテール・ジェネラル（事務局長、名前忘れた）に礼を言う。

…………一二月三一日（月）

今年最後の一日。朝から雪か小雨。そのうち青空がのぞく。比較的暖かい。

年始の挨拶の葉書を出しに郵便局へ。ついでにスーパーをのぞいていったん帰館。車で今度はアレジアのスーパーへ。今宵レジダンたちが年越しのフェット（パーティー）を地下の小サロンで行うというので、差し入れ用のヴァン・ムスー（発泡性の白ワインでシャンパーニュ地方以外のものをこう呼ぶ）を買う。ついでにアレジア通りを東へ。一三区の中華街まで行って白菜を買って戻る。

夜は西海君と岡さん来館。年越しの夕べは今年世話になったちょんがーのこの二人を招いた。シャンパンはドンペリの一九九三年、古過ぎて泡が立たない。これではただの白ワインだ。続けてポル・ロジェのレゼルヴを開ける。こっちのほうがずっとおいしい。ヴィンテージ・ポルトーの八九年ものもやはり古過ぎて濁っている。サン・タルベールの甘口白ワイン。赤ワインは二〇〇五年のオー・メドックともう一本、二〇〇六年のシャトーヌフ・デュ・パーブ。日本酒、カルヴァドスなど。たくさんのおつまみと多種類の酒を飲んで、賑やかに年越し。岡さんもミートパイを作って持ってきてくれた。こうして一年の終わりを迎える。

二〇〇八年

一月

ベタンクール解放に向けて

二〇〇八年一月一日（火）

朝、雑煮を作って新年を祝う。昼前、モンスーリ公園を散歩。曇り、やや寒い。けれども大勢人が出ている。ジョギングしている人もいる。レストランの「パヴィヨン・モンスーリ」（モンスーリ亭）は正月一日から開けている。さすがに食事している人たちはきちんとした服装をしている。

　コロンビアの元大統領候補で左翼ゲリラに監禁されているフランス国籍の女性イングリッド・ベタンクールの自伝『それでも私は腐敗と闘う』（草思社、二〇〇二年）を読み始める。

一月二日（水）

日本館はこの日から職員出勤。受付も開く。風が強く寒い。晴れ間が出て、お日様が見える。二〇〇八年の初日である。

　午後一時過ぎ、向かいのスウェーデン館の日本人レジダンAさんが主宰するお雑煮を食べる会へ。スウェーデン館の入口が閉まっていてなかなか入れない。携帯でAさんを呼んで開けてもらう。二〇名ぐらいの日本人レジダンが招待されている。三階の共同炊事場兼食事室のような細長い空間にテーブルをいくつかつなぎ合わせて並べ、椅子も下の階などから調達して着席。日本人は二年目、三年目の人たち、日本人以外のレジダンもいる。Aさんの九州の実家から送ってきた丸餅や角餅、小豆の餡こ、さつま揚げ、いろいろな豆を煮たものなど、他のレジダンが持ち寄った料理も交えて、楽しい新年会だ。三時過ぎまでご馳走になる。

　スウェーデン館は部屋数四一のシテでも一

番小さい館だ。普通の家のような、家庭的なところが取り得。スウェーデン人のレジダンはほとんどが帰国中。Aさんの個室も見せてもらったが、床がしっかりした板張りで、こぢんまりしているが気持ちよい。外に出て、館長夫妻とばったり。彼らは国に戻らなかったらしい。

……………一月四日 ㊎

昨日、イングリッド・ベタンクールの自伝を読み終わる。彼女は一九六一年生まれ。二〇〇二年二月、大統領選に立候補して選挙運動中にコロンビア解放軍に誘拐される、その直前に上梓した本。

夜、珍しく遅くまで起きていて、一〇時五〇分からフランス2チャンネルで声楽家たちの番組を見る。ロベルト・アラーニャ、ナタリー・デッセー、チェチーリア・バルトリ、フェリシア・プチボンらがスタジオに揃って、歓談し歌う。

午前〇時になって、武田百合子の『富士日記』を読みながら寝る。この本は僕の目下の睡眠薬だ。文庫で三冊、最初に三冊目を読み（泰淳の死まで）、それが読み終わってから一冊目に取りかかり、現在、終わりに近づいたところ。食事の日誌を書いているうちに、だんだん身の回りの出来事まで書くようになったらしい。富士山麓の別荘での日常。

数えてみたら、あと八五日目に帰国となる。パリを去るのは三月二九日の予定。芳しい菩提樹の花が香り出す前に帰らねばならない。

……………一月五日 ㊏

コロンビア解放軍（FARC）がエマニュエルという三歳半の男の子を解放したというニュースが朝からル・モンドでもラジオでも

再三報じられている。この子は、ベタンクールが二〇〇二年の二月二三日、解放軍に誘拐されたとき一緒に連れ去られた彼女の選対事務局長クララ・ロハスが解放軍兵士との間にもうけた子供だと、解放軍側は伝えたそうだ。コロンビア政府側のDNA検査でそれがほぼ裏付けられたらしいが、慎重を期してスペインで改めてDNA検査を行うとか。妙な話になってきた。

……一月六日 (日)

朝から素晴らしい晴天。向かいのイタリア館の壁面に朝日が当たってばら色に輝いている。春の予感。一〇時頃シテの中を散歩。暖か。

昼、雑煮を食べる。一日中、講演原稿を書く。夜一一時過ぎ、ミュリエル・バルブリ『はりねずみのエレガンス』(Muriel Barbery, *L'Elégance du Herisson*)の紹介部分を書き上げて、講演原稿一応でき上がる。四百字四六枚ぐらいになる。三〇分話すにはもちろん多過ぎる。適当に端折ってポイントになるエピソードを中心にしなければだめだ。

……一月七日 (月)

夜、一三区の国立図書館隣の映画館MK2で映画。アブデラティフ・ケシシュ監督のフランス映画『クスクスとボラ』(*La graine et le mulet*)。長い映画だった。二時間二〇分ぐらい。

南仏モンプリエの外港セートを舞台にしたモロッコ人社会の物語。六一歳になるベイジ氏は船の修理ドックで働いていたが、首になる。古い船を改修して魚(ボラ)のクスクス(蒸した引き割り小麦に肉やソーセージを添えてスパイスの効いた野菜スープをかけて食べる北アフリカ料理)のレストランを開業することを決意する。

大勢のモロッコ人家族や友人・知人たちの顔が画面に大写しになり、大声で泣いたりわめいたりの騒々しい映画。映像も固定画面でなく頻繁に動き回り目まぐるしいうえに台詞もアドリブのような作り。賑やかでしかもうら寂しい。最後の場面、モビレット（ミニバイク）を子供たちに盗られてむなしくそのあとを追いかけるベイジ氏の姿は、彼のこれまでの人生そのものかもしれない。大勢でクスクスを食べる長い場面が二度出てくる。見終わって急にクスクスが食べたくなり、駐車していた場所のすぐ隣にモノプリがあったので即席のクスクスを買って帰って家で食べる。

……………一月八日 火

うってかわってどんより曇った典型的なパリの冬景色。一〇時頃シテを犬と散歩する。今にも雪でも降り出しそうな灰色の空。寒い、三度ぐらいか。

夕方五時半から館長会議。新年初めてとあって、ボナネ、ボナネ（新年おめでとう、の意）の声があちこちから聞こえる。席につかずに挨拶を交わしている。ほとんど全員が全員とアンブラスマン（頬をすり合わせての抱擁）をするのだから、たいへんだ。時間がかかること。

……………一月九日 水

一日曇り。寒くない。午前中館長室で執務。館長補佐のグールデルは水曜日だから来ない。四人の男の子の母親で、子供たちはまだ小さい。水曜はフランスでは学校が休みだから、子供たちの世話をしなければならない。

夕方四時半過ぎ、初めて日本館を出る。隣のデンマーク館で今年の読書祭（LIRE EN FETE）の打ち合わせ。館長はカール以外僕だけ。国際館の図書館長ルスタロ夫人と、シテ本部の文化部長ルーボー夫人、それにスペイン館の催し物担当秘書、デンマーク館の館長カール。今年のテーマはまだはっきりしないが、ジュネス（青年または青春）がテーマとなるのではないかとの推測のもと、いろいろ話す。文学における青春、作家の青春……などをシテのテーマとしてはどうか、など。五時半頃解散。

………一月一〇日㊍

朝から雨。館内からガラスを通して外を見ると、降っているのは霙《みぞれ》のようにも見える。午前中館長室。

夕方、人形作家の大島和代さんから電話。弾んだ声で、イングリット・ベタンクールが解放されたという。半信半疑。なぜなら、直前にインターネットでル・モンドを読んでいたから。ル・モンドでは、ロハスともう一人（元上院議員の女性）の二人の救援にヘリがヴェネズエラからコロンビアの解放軍ＦＡＲＣ支配地のジャングルに向かった、ただし、コロンビア政府は今回の救援作戦は認められないと外相が声明を出した、と報じていたから。救援作戦はヴェネズエラのチャベス大統領の指揮による。大島さんはフランス・アンフォ（ニュース専門のラジオ局）でベタンクール解放のニュースを聞いた、と言い張った。確認したが、ロハスとゴンザレスの二人が解放されただけ。しばらくしてまた大島さんから電話。やっぱりベタンクールは解放されていなかった、聞き違えた、がっかりした、日本に居るベタンクールの自伝の訳者にまで電話して知らせてしまった、としょげた様子で言う。

パリ日本人学校

……一月一一日㊎

　朝、八時のテレビニュースでクララ・ロハスたちの解放の様子を見る。ジャングルで解放された様子、ヴェネズエラ政府の関係者や国際赤十字の人たちと抱き合っているところ、ロハスとゴンザレスがチャベス大統領に感謝の電話をしている様子、FARCのゲリラがジャングルに戻っていく様子、ヴェネズエラのカラカス空港に飛行機が着いたときの様子など。ベタンクールとは三年前に引き離されてから情報はまったくないとのこと。

　八時半、雨の中、車で日本人学校へ。A13号線からA12号線に入り、サン・カンタン・アン・イヴリーヌ（パリの南西の郊外の町）へ。四五分ぐらいで着く。九時四〇分集合が二〇分ほど早い。日本人学校の理事はたくさんいるのに、来ているのは理事長と二人の副理事長、父兄の代表者と幼稚園経営者。理事長や副理事長は銀行や航空会社の支店長。大使も来る。一〇時から式典、中学生の仮の卒業式。卒業生はたったの八名、そのうち出席したのは五名だけ、他の三名は高校受験のため日本に戻っている。入学時は二一名いたのが、最後まで残ったのは八名。日本人学校の苦境は続く。卒業式で面白いのは校長の式辞でも理事長の式辞でも来賓（今日は大使）の挨拶でもない。最後に組み込まれた在校生と卒業生のやりとりがなかなか感動的なのだ。一一時終了、コーヒーをいただいて失礼する。

　一二時前に帰館。雨足はますます激しくなっている。午後一時にニュース、大統領官邸でチャベス大統領らに迎えられるクララたちの映像。フランス2のスタジオにはイングリッドの姉のアストリッドが来ている。イングリッドの解放に大きな希望が見えてきた、ロハスたちを静養のためスイスが受け入れると言っているので、スイスで会うつもりだ、と話す。

七時半から今年初めてのコンサート。伊予田さんという若い日本人女性ピアニスト。前半は水のテーマで武満、ドビュッシー、ショパン。後半はドイツ音楽、シューマンとベートーヴェン（ワルトシュタイン）。アンコールはショパンのエチュード。観客はどういうわけかフランス人が圧倒的に多く、全部で九〇名を越えた。驚き。せいぜい五〇名ぐらいと踏んでいたからだ。終わって伊予田さんに聞いて謎が解ける。オフィシエル・デ・スペクタークルとパリ・スコープ（ともに、映画・演劇・コンサートなどの週刊の情報誌）に演奏会の予定を載せたのだそうだ。その効果の絶大なこと。無料で掲載してもらえるなら次回から考えなければ。

……… **一月一三日 (日)**

朝は曇り。寒さが戻った。昼過ぎから青空が広がる。

昨日午後、近藤誠一ユネスコ大使の「日本の外交戦略―文化外交の最前線で考えたこと」という文章を読んだ。外務省の広報文化部長だった二〇〇五年に「外交フォーラム二〇〇五～一二」というものを企画したらしい。その際に書いた文章のようだが、一五日の日本人会の講演に参考になることが出ている。フランスの若者が日本のサブ・カルチャー、ポップ・カルチャーに興味を示すのは、日本的美意識への関心の延長上にあるのだそうだ。なぜならポップ・カルチャーは日本の伝統文化の今様の表現だからだという。ほんとだろうか。いずれにしても、ポップ・カルチャーが日本文化への「入り易い入口」であるのは同感。

　昼前、車でヴァンヴの朝市と骨董市へちょっとだけ行ってみる。あとはほとんど外に出ず、一五日の日本人会の講演のため、バルブリの『はりねずみのエレガンス』を読み直す。

………… **一月一四日（月）**

　朝から小雨。明け方七度ぐらい、日中九度ぐらいまで。夕方になって青空が少し見える。これから毎日小雨の予報。パリの冬はほんとに湿っている。

　午前中は館長室で執務。二月と三月の日本館の催し物をコンサート、講演会、展覧会、セミナーに分類し、体裁を整えてワードで打ち直して、パリ・スコープ誌とオフィシエル・デ・スペクタークル誌に送った。秘書がやる仕事をここでは館長がやる。

　そもそも、日本館の催しは館内のレジダン全員、シテの他館在住の日本人レジダンや日本人研究者全員、さらにパリの街中に住んでいる日本人の関係者（大使館、企業関係者、そのほか友人・知人）、あるいは日本館とゆかりのフランス人たち、さらに日本研究者たちにも、逐一メール（メールアドレスを持たない人にはチラシ）で情報を送っている。にもかかわらず、日本館レジダンはいざ知らず、街に住む人たちで来る人は滅多にいない。ところが一一日のピアノコンサートではピアニスト本人がこの二つの情報誌に掲載依頼を送ったところ、予想を超える外部の人が集まった。このほうがずっと効率よく人を集めることができる。それで、面倒だったが今回やってみることにした。二週間前の週の号に間に合うように情報を送ると無料で掲載してくれるのだそうだ。もっと早くやっておくべきだった。

……**一月一五日（火）**

朝から雨、荒天という名にふさわしい天気。風強し。気温はさほど低くない。七度から九度ぐらいの間。

講演の原稿に手を加え、参考文献一覧を作成。四〇枚コピーした。午後三時、メトロか車か迷った末、結局車で日本人会へ。アルマ橋を渡ってセーヌ右岸へ。ジョルジュ・サンクの地下駐車場へ入れる。地下二階に停めて上に出ると、ちょうどルイ・ヴュトンのまん前。信号を渡ってフーケ（シャンゼリゼ通りの有名なキャフェ）の先が日本人会事務局。会議室を二室ぶち抜いて講演会場ができ上がっている。モケット（絨毯）を換えたらしく、いつもより綺麗。日本人会会長の浦田さんの挨拶のあと、四時一五分頃から四〇分ぐらい講演した。演題は〈現今のネオジャポニスム＝日本発サブ・カルチャーの流行現象を分析する＝〉。これは事務局長の岡本さんが考えたもの。パリにおける日本のプレザンスについて、具体例を挙げながら、特に最近の小説における日本趣味について話す。聴衆は理事三〇名程度。終わってから、日本人会のコーラスグループの歌唱披露。コーラスの終わる頃に飯村大使が来て、乾杯の音頭を取り、新年会に移る。

……**一月一六日（水）**

昨日と同じ、重く垂れ込めた雨雲。小雨。風はないようだ。最低五度、最高九度。日の出八時三八分、日没一七時二一分。

午後四時から大使公邸で新年賀詞交換会。大使館へは四時ちょっと前に着いたにもかかわらず、すでに金屏風を背にした大使夫妻の前には長い行列。天皇誕生日のときのように庭園にテントで張り出すこともしていないので、次第に集まる客で一階サロンの会場は身動きできなくなる。真ん中の大きなテーブルにはおせち料理のかずかず。勝手に飲み食いが始まるが、どうにも動けない。大分たってから、飯村大使の新年の挨拶のあと、大使と日本人会会長浦田さん、在仏日本商工会議所会頭の石塚さんの三人による鏡開き。

……**一月一七日㊍**

朝からどんよりと曇っている。もしかしたら雨も降っているかもしれない。まだ外に出ていない。

夕方六時少し前、車でパリ日本文化会館へ。エソンヌ県文化財保護責任者のアンヌ・ル・ディベルデール女史の講演「比類なき画家フジタ」を聞くため。六時半ぎりぎりに到着。メトロ六号線デュプレックス駅近くの路上に駐車してそこから急ぎ足で会館へ。間違えて地下三階の大ホールに下りてしまう。一階の小ホールへ戻る。招待席に座らせてもらう。三百席がほぼ満席。講演はパワーポイントを使いよどみないフランス語で大画面の絵を写しながら進行する。よくできた講演だった。アンヌを囲んで夕食のはずだったが、夫のお母さんの具合が悪いとかで急遽中止。

……**一月二〇日㊐**

午後二時から餅つき大会。コミテが手際よく準備してくれた。玄関外で臼と杵を使って餅を搗《つ》く。サロンに小豆、黄な粉、大根下ろしと醤油が用意してある。別のテーブルには日本酒、ワイン、スナック菓子なども。伊丹十三の映画『たんぽぽ』を上映しながら食べる趣向。五時半ぐらいまで続く。

日本館基金とは

……一月二一日(月)

午前中、館長室で仕事。シテの本部が管理する一七万六千ユーロ〔約二八八〇万円、一ユーロ一六四円で計算〕の日本館基金について、その由来を調べた結果がまとまったので、大使館北山書記官宛郵送の準備をする。一九二九年の日本館創建当時、出資者の薩摩治郎八氏は建設費用として三五〇万旧フランをパリ大学に寄贈したが、それとは別に三五万旧フランも寄贈している。そのうち二五万フランは基本金、一〇万フランは運営資金と称し、合計三五万フランを大学都市本部が銀行に預金して管理することになった。このことは、寄贈証書 Acte de donation にはっきり記載がある。この額がその後どのように変遷したかを明らかにする文書はただひとつしかない。一九六〇年一二月三一日付けの「薩摩財団基金の状態」なる文書が残っており、それによると、この時点では基本金が約三万三千新フラン、運営資金のほうは約二一五〇新フランとなっている。ところで、大学都市本部は長らくこうした基金があることを各国館に知らせていなかったが、一九九七年の末になって従来の扱いを反省してこれを変更し、各国館にその基金の残高を毎年通知することになった。この時点(一九九七年一二月三一日)で、日本館基金の残高は、基本金が約七万八六〇〇ユーロ、運営資金は約一六六〇ユーロとなっている。それが二〇〇六年末には基本金が一七万二三九〇ユーロ、運営資金が三五一八ユーロほどになった。なぜこのように増えたか、その理由はいまひとつはっきりしないが、二〇〇一年と二〇〇五年の二度、何らかの理由で銀行に預けている債権を売却して新たに買いなおす、という作業を行っており、特に二〇〇五年にはクレディ・フォンシエ銀行から現在のデクシア銀行に変更したことが債権売却の理由であるが、その結果、債券の残額が利子などによって大幅に増えたものと思われる。以上、グールデル夫人の調査や証言を踏まえて再構成した事実。

一月二二日（火）

朝七時半まで停電。そのあと起きる。午前中は例によってどんより曇っていたが、午後から青空が見える。気温一三度ぐらいまで上がる。日本館東側の日本庭園の桜が一本、花を開いた。ピンクの花が八輪ほど、一階と二階の踊り場からじっと見る。昨年も二月には八本全部が満開になった。寒桜の一種だろうか。春が近い感じがして嬉しい。

午前中館長室。昨日午後、日本大使館から、申請した一一件の事業がすべて日仏交流一五〇周年記念事業として認定され登録が完了したというメールが届く。それで、晴れてロゴを使えるようになったわけだが、はて、ホームページの催し物欄にどうやってこのロゴを貼り付けるのか。また個別のチラシにこのロゴを印刷するにはどうしたらよいのか。コミテのレジダンH君に電話して館長室に来てもらい、事情を説明し一任する。彼がホームページ関連をすべてやってくれているので、頭が下がる。

午後、昼を食べてから映画に。モンパルナスはオデッサ街の映画館ゴーモン・パルナスで『夜は俺たちのもの』（*La nuit nous appartient*、原題は *We own the Night*）。昨年一一月の末頃に封切ってそろそろ終わりかけていたので慌てて出かける。三時から（フィルムは三時一五分頃から）。一時間五四分の長いアメリカ映画。

ジェイムズ・グレイ監督。
一九八〇年代のニューヨーク・ブルックリンを舞台にした、東欧系（ポーランドとロシアの）麻薬密売組織とニューヨーク市警の暗闘。主人公はナイトクラブの若い支配人で、名前をグリーンと変えているが、ポーランド移民。父親は警視総監、兄も同じく市警の若手エリート。主人公が仲間のギャングたちと親兄弟との板ばさみとなって苦しむ心理劇。同時に活劇。というのも、名前を変えているのでまさか市警の幹部が親兄弟とは知らない主人公の仲間たちが、兄を撃ち殺そうとしたからだ。主人公は悩んだ末に父兄弟と行動を共にして、ギャングたちの麻薬密売現場を襲う。凄惨な殺し合い。息を呑む展開。素晴らしい緊張。手に汗を握る。ただし、放蕩息子の帰還、というような趣もないわけではない。やくざな世界に身を置き自由に振舞っていた弟が結局優等生の警察官に納まってしまうのだから。主人公の恋人の女優エヴァ・メンデスがとてもよい。ミッテランそっくりの父役の俳優ロバート・デュヴァルもよい。主人公とその兄ジョアキン・フェニックスとマーク・ウォールバーグもとてもよい。

……… **一月二三日 水**

曇り、ときどき雨模様。午前中館長室。読売の書評を書く。フレデリック・ルノワールの『哲学者キリスト』（Frédéric Lenoir, *Le Christ philosophe*）（プロン刊）。クリスマスの頃に宗教関係の新刊が山積みになってよく売れるが、これもそのひとつで、短期間だったがベストセラーだった。「キリストの哲学」という言葉はエラスムスのものだそうだが、ルネサンスのユマニスト（とりわけエラスムス）と啓蒙のフィロゾフたちが、四世紀以来教会によって歪められ続けたキリストの福音の教えを復権させたという。近代の価値観、自由、平等、友愛、権力分立、政教分離と言った概念も、すべてイエスの教えの普遍性の中に見出せる。だからこそ、近代の人権概念や民主主義はインドでも中近東でもなく西欧に誕生したのだ、とも。なんとも刺激的な一冊。民主主義が西欧に誕生するのにキリスト教が一定の影響を与えたとする説はほかにも聞いたことがある。著者は四〇代半ばの作家で宗教社会学者、ル・モンド紙の宗教欄監修者。

日本館財政窮迫す

…………一月二五日 金

午前中、館長室でグールデルから二〇〇七年の財政報告の説明を受ける。四五万ユーロの収入に対して支出は五〇万ユーロ、驚いたことに、五万ユーロもの支出超過だ！ ロアール夫妻が病気や怪我を理由にたびたび長期の休暇を取った。そのための代替職員の雇用費用が出費増の一番の原因。次に絶えず起こる補修。玄関の鍵の交換、防火扉工事、エレベーターの修理、老化した配水管の取り替え工事、などなど。日本館の維持には欠かせない日常的な出費。それから備品の購入。レジダン用個室の小型冷蔵庫の買い替えなど。さらに、フィダル法律事務所の弁護士料の増大。これは非直轄館の法人格取得のために欠かせない出費だが、日本館の財政を圧迫し始めているのは確か。つまり、二〇〇七年は五万ユーロの借金を抱えて終わったということになり、その主な原因は以上にあるという。支払いはどうしているのかとグールデルに聞くと、請求書を手元に抱え込んでいて、今後払えるところから順次払ってゆくのだという。まさに自転車操業だ。今年二〇〇八年の対策は？臨時雇いの職員の一日当たりの勤務時間を昨年は七時間だったところを五時間に減らす。夏季特別料金と一〇月からの部屋代を値上げする。政府補助金のアップを打診する。このぐらいしか、とりあえず対策は浮かばない。

……一月二六日 ㊏

朝のうち、講演会の会場となる一階サロンを片付ける。コミテが何もやらないので館長がしなくてはならない。昨日作成した講演会のチラシを館長室でコピーする。カラーコピーなので時間がかかる。七〇部作った。コミテがやってくれないので館長がするのだ。

昼を食べてから、パリ日本文化会館へ。第二回日本語教育アトリエと称して、フランス全国から日本語教育に携わる日仏の教員たちが集まって報告・研究の集会。中にはイタリアから来ている人もいる。午後一時半からのところ、遅れて二時過ぎに会場に入ったら、ちょうどフランス国民教育省の視学官が開会の挨拶をしているところだった。そのあと、いろんなグループの報告と議論。中国語教員の任用数に比べて、最近五年間の日本語教員の任用数が極端に少なくなっているなど、フランスにおける日本語教育に対する危機感が現場からひしひしと伝わってくる。四時過ぎまで聞いて退散。

五時過ぎ、日本館に戻り、講演会の会場つくり。サロンを覗くと全然椅子が並んでいない。コミテの副委員長I君に電話して会場の椅子並べなど準備に取りかかるように指示。言わないとできないのでは困る。五時半、講師のサブレと、エコール・ノルマル教授の社会学者クリスチアン・ボードレが到着、サブレがボードレを迎えに行って二人でサブレの車で来たらしい。館長アパルトマンに案内して打ち合わせ。ボードレは七〇歳近い老人。しばらく休んでもらってから、三〇名ぐらい集まったところで六時一五分に開始する。日仏交流一五〇周年記念の連続講演会「フランスにおける日本学の現在」の第一回講演だが、サブレが僕に相談なく対談に変えてしまった。それでもまあまあ、日仏の教育比較のような話が聞けた。ただし、研究の最先端を紹介する、というような学術的な印象はしない。質疑応答は活発。六〇名ぐらい集まる。

八時前に終わって、会場を片付けてワイン・パーティー。コミテの準備が貧しいので、館長アパルトマンで用意したカナペやチーズを提供。ワインもこちらから大量に提供。今年のコミテの力量不足が危惧される。あるいは、単にまだ慣れていないだけなのか。一〇時頃解散。次回の講演者のジャクリーヌ・ピジョー女史は風邪がひどいらしく、途中で帰る。

一月二九日 火

一日寒い。〇度から五度ぐらい。曇り。今にも雨になりそうな天気。

朝一〇時、館長室へ。グールデル女史から昨日の会計検査の報告を受ける。二〇〇七年の収支は約五万ユーロの赤字、と確定したそうだ。四五万ユーロの収入に対し、支出が五〇万ユーロ。五万ユーロの支出超過である。収入が予算より多かったのは、別に預金していた四万八千ユーロを取り崩したのと、東京倶楽部からの補助金一万七千ユーロを計上したためで、実際は予算より下回っている。

支出の大幅な超過は、第一に常勤職員、とりわけ受付と管理人のロアール夫妻の度重なる病欠のため、職員派遣会社カリプソに臨時職員派遣をたびたび依頼せざるを得なかったこと、第二に補修工事が重なったこと（配水管工事、防火扉の工事、玄関鍵の取り替え工事、個室の壁とモケットの取り替え工事、個室シャワー工事、エレベーター修理等）、第三に備品購入が予想以上に必要だったこと（個室冷蔵庫など）、第四にフィダル弁護士事務所への謝礼金の増大、などが原因となったと思われる。特に第一が一番大きい。ベネディクト会計士によれば、このような赤字は公益法人化にも悪影響を及ぼす、との話だったとグールデルが言う。その点については来週月曜、直接会計士から聞くことになるだろう。

しかし考えてみれば、必要でない出費はひとつもなかったとも言える。小さな補修は必要なときその都度すぐにやらないと、六五名も居住者を抱える宿泊施設では放置しておけばたいへんなことになる。通常は経常経費の範囲内でなんとかなってきたのだが、今年は特に出費が多くなったということだ。まして、もう少し大きな工事が必要となった場合、その備えはどうなるのか。いずれにしても、このままの収支のバランスでは日本館会計は持たないということは明らか。二〇〇八年予算では、臨時職員の一日当たり時間数を七時間から五時間に削減するほか、一〇月からの家賃増を検討しなければならないだろう。それに加えて、政府補助金の増額は必須事項。これを早急に大使館に説明し、納得してもらわなければならない。しかしすぐに補助金増額など考えられない。困ったことだがこのまま放置はできない。

一一時過ぎ、車でサン・スュルピスへ。地下駐車場に停めて、ボナパルト街を歩いて北上、サン・ジェルマン・デ・プレ教会の前を通ってヴィスコンチ街の娘のところにちょっと寄って郵便受けに書類を入れたあと、サン・ジェルマン・デ・プレのキャフェ・ドゥー・マゴーへ。デュー・マゴー文学賞の授賞式は一階の店内で銘々席に座り、片隅に選考委員たちが集まってすでに協議を始めていた。招待客は銘々シャンパンを飲み、カナペをつまみながら発表を待つ。テレビカメラや長いさおの先につけたマイクが店内を行きかう。早めに着いていたからなんとか席に座れたが、次第に招待客が増え、みな立ったままシャンパン、店内の移動もままならない状態となる。日本側受賞者の赤坂さんと奥さん、息子さん、それに東急文化村の取締役事業部長さんも来ている。突然審査委員長らしき人が大声で審査結果を発表。三名の候補者のうち、五〇歳のドミニック・バルベリスというノルマリエンヌ（高等師範卒業の女性）の『何か隠さなければならないこと』という題の小説に決まった（Dominique Barbéris, *Quelque chose à cacher*）。しばらくして、電話で通知を受けたらしい受賞作家が登場。拍手が起こったが、と言っても店はぎゅうぎゅうで、挨拶があるわけでもなし。そのまま、そこで昼食にキャビア、生ハム、ビーフのカルパッチョ、クロタン（シェーブルのチーズを温めてパンに乗せる）、クラブサンドイッチやフォワグラ、ソーモン・フュメ、クロック・マダムなどを注文、みんなで分け合い、シャンパンを飲み続け、ついでにブルゴーニュのジヴリーの赤ワインも飲んで、午後二時頃退散。なんだか滅茶苦茶な注文の仕方だが、取り仕切ったのは招待してくれた長谷川フーズの長谷川さん。勘定は主催者持ちだとか。

……… 一月三〇日 ㊌

雨模様の一日。午前中二〇〇七年収支の五

万ユーロの赤字を巡ってグールデルと館長室で二時間半協議。午後は館長アパルトマンで二〇〇七年年次報告書のフランス語部分を書き上げる。一応完成。

夕方五時、車でソルボンヌへ。スフロ街の地下駐車場に停める。ジャン・ノエル・ロベールのアカデミッシャン選出に伴う、剣の授与式。小林茂夫妻と会う。彼が日本側の取りまとめ役。碑文・文芸アカデミーの会員たちのほか、日本学関係者多数来場。椅子に着席してのセレモニーがかなり長く続く。飯村大使が冒頭に挨拶、続いて若いお弟子（仏教学の）二人の学問的な挨拶、さらに小林茂、ジャクリーヌ・ピジョーなど友人たちの挨拶、最後にアカデミーの会長の挨拶があって、剣の授与。銀製の剣は特別に作った日本刀だ。そしてロベール氏の答礼。

場所を移してシャンパンと寿司、焼き鳥のパーティー。大使も珍しく遅くまで残っている。日本学の泰斗ベルナール・フランク氏の未亡人フランク淳子さん、産経新聞の山口さん、日本文化会館の中川館長夫妻、岡副館長、大使館の山田公使と北山書記官、そのほか日本学関係者多数。

……**一月三一日（木）**

午前中館長室。午後三時過ぎ、RERのB線とA線を乗り継いで大使館へ。一六時から山田公使、北山書記官と五万ユーロの支出超過の取り扱いを巡って協議。日本館財政の構造的な問題を過去八年にさかのぼって詳しく説明する。実質的な支出超過は僕の赴任前からのことなのだ。二月一五日の管理理事会に向けて赤字をどう説明するか、二〇〇八年の予算案をどう組むか、について意見交換。そのほかかなりざっくばらんに日本館のもろもろのことを話す。二月一五日の管理理事会は三月上旬に延期の方向だったが、今日の話し合いで、予定どおり二月一五日に行うことに。

二月

……… 二月一日 ㊎

朝六時頃目が覚める。やはり赤字対策が頭にこびりついて、起きてしまう。日本館の構造的な財政問題について、北山書記官に補足説明のメールを書いて送る。九時半から一時間、館長室でグールデルと支出超過問題の対応を協議。昨日の山田公使・北山書記官との打ち合わせを受けて、夏以降の家賃値上げの具体化と、四月以降の雑収入増加の諸策を検討、サロン貸出の有料化や藤田見学有料化、新規入館者に対する登録手数料の新設、保証金の値上げなどを打ち出す。さらに二月一五日の管理理事会に向けて予算案を作り直すことを命じる。

午後、館長室に上がると、グールデルが新しい予算案を持ってくる。月曜に会計士が来たとき、改めて相談することに。北山書記官に、赤字対策の諸策について報告のメールを送る。山田公使からも慰労のメールが届いている。水曜日からの疲れがだんだん溜まってくる。一日雨、珍しい。気温低い。

夜、ピアノとトランペットのコンサート。夕方五時にはピアニストの阿部加奈子さんが来て練習開始。トランペットの曽我部さんも来て会場作り。コミテメンバー二～三名がお世話する。パソコンのパワーポイントを使ってなにやら映像を流しながらトランペットを吹くのだそうで、複雑な装置、大きなスピーカー（まるでデモの演説で使うような古典的な、手で扱うスピーカー）を組み立てる。八時一五分開始、一〇時半終了、聴衆五〇名。なんとも奇妙奇天烈な「インターナショナル」を映像と一緒に演奏。国際交流基金の援助を受けているので評価書を書いてほしいと言われたが、さて、こんな演奏で何と書いたらよいのか。

二月四日 (月)

一日、財政改善策を練る。午前中、館長室で会計士とグールデルを交えて一二時半まで二時間半議論する。午後もグールデルとやりとりする。断腸の思いで家賃を値上げせざるを得ないが、一〇月からにするか、三月からにするか、上げ幅はいくらにするか、それによってどれだけの収入増が見込まれるか、その結果、二〇〇七年の赤字分五万ユーロはいつ解消可能となるのか、などなど。面倒な計算を何度も繰り返す。大使館の北山書記官とも何度も電話でやりとり。特に夕方、かなり詰める。一日、日本館にいて、忙殺される。

夜も財政再建書のフランス語版を書く。天気は一日ぐずつく。七〜八度だろうか。

二月五日 (火)

朝一〇時から再びグールデルと打ち合わせ。大使館からの指示にしたがって、増収分の計算をさせる。値上げは三月から一挙にしたほうがよいという意見で、そうすることにする。値上げによっていくらの増収となるか、など、計算の結果が一一時半頃出てくる。電話で北山書記官に伝える。

午後五時半から館長会議のところ、ここ一週間ほど赤字問題で忙殺され、くたくたに疲れていて、会議に出る気がせず。欠席のメールを本部に送り、五時半頃まで横になって眠る。その後、思い立ってアレジアの映画館へ。館長会議を欠席したのに映画とは、少々気が引けたが、気晴らしが必要と心の中で言いわけ。雨がぱらついているが、なんとなく春めいている。

イスラエルとエジプトの合作映画『吹奏楽の訪問』(*La visite de la fanfare*)を見る。一時間二六分。観客数名。もうひと月も前から続いている映画。それだけ人気が高かったのだろう。アラビア語とヘブライ語が混じり、主として英語で会話が進む。よい映画だった。喜劇仕立てだが、しんみりと人生を考えさせるところがある。女優（名前不明、イスラエルの女優）がとても存在感があってよかった。

……………二月七日㊍

午後二時半から一時間一五分、本部のテクセロー夫人のオフィスで、学年途中の値上げについて意見を聞く。やはり年度途中の三月からの値上げは好ましくないとのこと、値上げ幅も一事滞在者はともかく、レジダンの場合、一〇パーセントが限度だろうと。これは厳しい勧告となった。

……………二月八日㊎

今日も快晴、一二度ぐらい。暖か。朝九時半、キオスクにル・モンドとヌーヴェル・オプスとオフィシエルを買いに出る。そのあと館長室で昼まで、予算書の数字など検討。レジダンの値上げは、結局、一〇月の新学年からとすることにする。赤字対策でここ二週間くたくた。大使館の北山さんも相当疲れているようだ。申し訳ないことをした。大使への説明は一三日の夜六時一五分から、二〇分程度とのこと。

昼を食べてから、ほんとに久しぶりにモンスーリ公園へ。昼の太陽がまばゆい。大勢の人が、公園のベンチでひなたぼっこをしている。緑の芝生にクロッカスの黄色い花、それから緑の水仙の芽が伸びている。一面水仙だ。もう少ししたら花を咲かすだろう。ほんとに春が来てしまったのだろうか。池のほとりの木にも、ピンクの花。これは梅か桃の親戚のようだ。黄色い小さな花を咲かせた大きな木もある。コルヌイユ・マールと表示してあった。帰って辞書を引くと、コルヌイユはミズキ、マールが後ろにつくと、やまぐり、さんしゅゆ、と出ている。疲労していて、倒れそうだ。

夜八時から、パリ日本文化会館で日本の現代劇を鑑賞。劇は日本で人気のある小劇団の燐光群とかいうグループの『屋根裏』という劇。評判の劇作家さかて・ゆうじという人が率いているのだそうだ。まったく聞いたことがなかった。二〇〇二年頃製作の劇で、すでに海外も含めて百回ほど公演し、のべ八千人もの人が見ているという。これは劇が終わってからの、さかて氏のトークの中での話。なるほど、なかなか面白かったし、作家にも劇団員(八名)にも才能があると思った。屋根裏、というか、閉ざされた空間にいろいろなグループが次々と登場して社会的・歴史的問題を喚起していく。目まぐるしく場面が変わるがいつも屋根裏風の閉ざされた空間が目の前にある。

………二月九日 ㊏

テクセロー夫人の勧めにしたがって、日本館と本部との間でパートナー契約を締結することを検討したが、重大な問題点があることが判明。その説明文書を作る。パートナー契約で毎年七名の学生を相手先の特定の大学から受け入れるとした場合、日本館のアドミッション会議を経てシテに入居できる日本人学生・研究者の数は、現行の六五名から七名削減となってしまう。手数料収入が七名分で毎年三千ユーロ入るので日本館の会計にとって増収とはなるが、しかしそのために七名犠牲にしなければならないのは、痛い。なぜなら、毎年七〇名もの応募者がありながら、アドミッションできるのはせいぜい二〇〜三〇名程度の年が続いているからだ。パートナー契約を直ちに結ぶのには躊躇せざるを得ない、との結論を明記する。

天気がよいので、午後二時半、車で散歩に出る。ヴェルサイユの南のヴォワザン・ル・ブルトヌーからD9の田舎道をたどってシャルトルまで。途中、ポールロワイヤルの修道院跡やダンピエールの城館、ヴォー・ド・セルネーの修道院などを通り、ランブイエ、マントノン経由でシャルトルへ。久しぶりに遠くからシャルトル大聖堂の二つの尖塔を見た。一面の小麦畑は緑の丈の低い草が生えていて美しい。その遠く向こうに尖塔が現れ、次第に大きな昆虫のような姿になってゆく。

シャルトル訪問は二〇〇〇年以来。大きな地下駐車場ができている。大聖堂前や横には車を停められなくなっている。土曜日の午後で天気がよいので、街の人たちが大勢繰り出して、広場に張り出したキャフェのテラスはどこも満席だ。こんなに賑やかなシャルトルの街は見たことがない。いつも大聖堂にしか行かなかった。街の賑わいを見てから大聖堂に入る。こちらには日本人の観光客がたくさん来ている。みな、携帯電話のカメラを焼絵ガラスに向けている。五時半、シャルトルを出て、帰りは高速道で五〇分ほど。

二月一〇日 ㊐

一日、家でのんびり。館長年次報告を書く。フランス語版と日本語版。日本館の池の周りの木瓜《ぼけ》に赤い花が一輪。杜若《かきつばた》の紫の花も咲き出す。

館内ストーカー？

……二月一三日 火

快晴。どんどん春になってゆく。日差しがまばゆい。夕方は六時半頃まで明るい。

朝一〇時半、館長室に学生レジダン四名、いずれも日本人、相談に現れる。「男女関係のもつれで悩んでいる」、「相手の男性レジダンを日本館から放逐してほしい」と、穏やかでない話。「日仏の指導教授にも報告しろ」、「日仏共同博士課程事務局にも連絡しろ」などと、驚くような要求をする。文書にして資料を提出してきたので、後日返事をすることにして返す。それにしても、人間関係が行き詰まったから嫌な相手は追い出してくれとは、あまりに幼過ぎる印象。

午後五時、車で八区オッシュ大通りの大使館へ。駐車場に停めて、北山書記官、山田公使と一五日の管理理事会の打ち合わせ。そのあと、六時二五分頃から飯村大使に面会して打ち合わせ。といっても、大使は資料などなしで、こちらの簡単な説明を聞くだけ。「あ、そう」、「で、どこでやるの？」、「どのくらい時間かかるだろう」、「……去年どうだったか、忘れちゃったなあ」など。ときどきちょっと質問めいたことをたずねる。この間、ほんの一〇分足らず。大使は超多忙だから仕方ない。

大使館を四〇分頃出て、車に戻り、キャフェで待っていた家内を乗せて今度はヌイイーのＯＥＣＤ大使邸へ。北島大使は二月二二日に帰任だそうだ。それでお別れのパーティー。各国大使級を乗せた乗用車が次々と公邸に入り、また出てゆく。五時半から始まっていたパーティーにわれわれが着いたのは七時過ぎだから、帰って行く車もたくさん。大勢の警察官が道路で交通整理に当たっている。

入口の屏風の前に大使夫妻。次は五月からジュネーヴで大使（国連代表部か）となるのだそうだ。一度日本に戻ってそれから出直すらしい。忙しいことだ。それより驚いたのは、冬だからあの立派な庭園には出られない、そこで仮設のテントをサロンから張り出して拡張し、大勢の来客に備えていたこと、そして、実に豪華な食事が立食で供されたこと。シャンパン、ボルドーとブルゴーニュのワイン（特に、クロ・ブージョ）、鱒の押し寿司は逸品。そのほか、たくさんの種類。フレンチに中華に、和食。トロの刺身。これをシェフ一人で全部作ったのだそうだ。デザートもたくさん、こちらはシェフの奥さんの作品。シェフは日本人で、大使が見込んで赴任時に日本から連れてくる。当然、北島さんについてジュネーヴにも行くことになる。パーティーのときはたいへんだが、腕の見せどころでもある。予算はふんだんにあるのだから、好きなだけ好きなものを作っていいわけだ。楽しい仕事に違いない。

……………**二月一五日** ㊎

冬が戻った。かなり冷え込んでいる。おまけに、今にも雪が舞いそうな曇り空。

朝一一時半からの日本館管理理事会に向けて、メトロで大使公邸へ。打ち合わせのため一一時に、の約束どおり、一一時に着く。四〇分ぐらいか。コンコルド駅で降りて歩く。

管理理事会は一一時半ぴったりに開始。シテ事務総長のタルソ・ジルリ女史はシテに高等教育・研究大臣ペクレスが訪問するので、三〇分遅れると予告。そのとおり、一二時過ぎに現れる。シテのプレジダンのポシャールさんも来てくれる。イナルコの学長ルグラン氏は所用で欠席と届けがあったのに、代わりに日本美術史のリュッケンが現れて、一同びっくり。大使館は何の連絡も受けていなかったようだ。ナンテール（パリ第一〇大学）の助教授で地理学のデボワ氏、パリ大学区事務局からロンゾー女史、元レジダンのラフォン氏（元国民教育省の高官）。日本人は浦田日本人会会長、中川パリ日本文化会館館長、石塚パリ日本商工会議所会頭。医者のピショー氏は欠席。議題は二つ。館長の年次報告と、次期館長候補の選考。

　年次報告はやはり赤字対策で質問がたくさん出る。ポシャール、タルソ・ジルリ、ロンゾーの三名が待ってましたとばかり、質問。それも細かい話が出て答えるのにたいへん。特に、弁護士代が高騰したことが理解できないらしい。それから、長期的な見通し、大工事に対する財政的な備え、など。パートナー契約によって財政的に補ったらいかがか、というタルソ・ジルリの質問は予想どおり。館長の任期が二年では短か過ぎるという指摘、これも予想どおり。いつもシテ側が言っていることだ。次期館長については、僕が補足説明。二件の案件はいずれも満場一致で承認される。最後に、ポシャールさんが型どおり僕の館長としての仕事に対して賛辞を呈してくれるが、大きな赤字を出した直後なのでずっと下を向いて聞いている。全員で長い拍手をしてくれる。これも下を向いたまま。

　予定どおり、午後〇時半ちょっと過ぎに終わって、二階のサロン兼食堂へ。シャンパンのアペリティフで立ち話を二〇分ほど、それから着席。鮪のぬた。筍入りの吸い物、鯛とヒラメと手長海老の刺身、ご飯と天婦羅、果物のデザート。日本酒の浦霞、白ワインはピュリニー・モンラシェ二〇〇一年、赤はコルトン・グランセー一九九五年、どちらもルイ・

ラトゥールのもの。終わって再び別室に戻り、紅茶・コーヒーなど。二時半解散。疲れ果てて、三時半頃日本館に戻る。

さて、七時半からのコンサートに備えて五時半頃から、会場作りを監督する。ソプラノ二人、メゾソプラノ一人、それにピアニストの四人の日本人女性のグループ〈クルト・パイユ〉による演奏会は、前半がフランス六人組の歌曲、後半は林光作曲のオペラ『あまんじゃくと瓜子姫』。これが面白かった。聴衆八〇名、みな満足してくれる。日本人会会長の浦田夫妻は、パリ日本文化会館で一月末にあった『羽衣伝説』(コンピューター・グラフィックスと舞台を融合する実験的試み)よりずっと素晴らしかった、と褒めてくれる。殿様役のレジダンK君がまさにうってつけの役ぶり。これほど表現力があるとは思ってもみなかった。面白いキャラクターと思って頼んだのだが、予想した以上に熱心に取り組んでくれる。終わってワイン・パーティー。忙しい一日だった。

………二月一七日 日

夕方四時から大サロンで研究発表会。日本館レジダンの院生NさんとOさんの女性二人。Nさんはクローデルと能の関係について、日本フランス語フランス文学会の発表形式に則って二五分間、日本語で。Oさんは自由にフランス語で、マリヴォー劇と〈発見〉の問題について。二人ともよく勉強している。

………二月一八日 月

夕方、一三区の国立図書館脇の映画館MK2へ。七時二〇分からコーエン兄弟の新作『老人に国はない』(*No country for old men*)を見る。二時間の長い映画。長さを感じさせない緊張感、恐怖感。テキサスの砂漠地帯、猟をしていて大殺戮の現場に遭遇、偶然大金が入ったヴェトナム帰りの男が何者かに付け狙われる。麻薬組織に雇われた殺人狂の超マニアックな殺し屋。牛射殺用の強力な銃を使ったその殺しのすさまじさ。得体の知れない男の恐怖。この恐ろしい男の顔が画家の蓜島君の顔を髣髴とさせるからおかしい。映像は素晴らしくクリアで美しい。なんとも恐ろしい映画を作ったものだ。ただ、細部がよくわからない。老いたシェリフたちが終始事件の謎解きに当たる。マニアックな殺し屋に追われて逃避行を続ける男、その男を守ってやれなかったことが引き金となってこの事件をきっかけに引退した老シェリフの人生に対する述懐が、題名につながっているようなのだが。

⋯⋯⋯ **二月一九日 火**

今日から三日間、大使館でＪＥＴプログラムの留学生面接試験。今日は七名のフランス人を面接。日本の地方自治体に二年から三年、長い人で五年ぐらい派遣されて、国際交流に務める人材を選考する試験。審査員は自治体国際化協会パリ事務所の所長の時澤さん（総務省から出向中）と北山書記官、それに元ＪＥＴ参加者の若いジュールダン君、教育研究国際センターのアミー嬢の四名。フランス語と日本語でさまざまな質問を一人当て二〇分行って細かく採点する。午後一時過ぎに終わってお弁当を食べて解散。

⋯⋯⋯ **二月二〇日 火**

朝九時少し前に日本館を出る。ダンフェールで六号線に乗り換えて凱旋門まで。大使館で一日、ＪＥＴプログラムの面接。途中お弁当を食べる時間が一時間半、午後六時過ぎまで一七名、各二〇分の面接。日本語とフランス語。それに英語も。昨日と違って、地方の中学・高校などでフランス語の授業の助手として働く留学生の選考。終わるとくたくた。

……… **二月二一日㊍**

今日もまたJETの面接。朝九時半過ぎに大使館に着く。午後一時半頃まで八名面接。お弁当を食べて解散。天気は曇り。気温は低くない。早春の風情。

……… **二月二二日㊎**

午前中、館長室へ。三日間いなかっただけで、八〇通を越えるメールがたまっている。メールの処理。そのあと、書類を整理する。引き継ぎのためである。館内でストーカー行為の被害を訴えている日本人女子学生の日本の指導教授からメールが来ている。日本にまで報告をしたらしい。館長アパルトマンに戻って、長い返信をしたためる。

夕方六時四五分、車でパリ日本文化会館へ。八時からアキヨシ・ヨシコのジャズ・ピアノ・ソロ・コンサート。中川館長が英語で挨拶する。アキヨシさんはニューヨークに長いので英語が堪能。一一曲ぐらい弾いたが合間にマイクを取って英語で解説する。真紅のドレスに身を包んで堂々たるもの。

連続講演会

……… **二月二三日㊏**

夜六時からジャクリーヌ・ピジョー先生の講演会「平安時代の女流作家と自我の表現」。連続講演回の第二回目である。講演は実際には六時二〇分開始、四〇名程度の聴衆。相変わらずレジダンの出席が悪い。ぴったり五〇分。質疑応答三〇分。見事な講演(フランス語)。ゆっくりと明晰に話してくれる。自伝文学はヨーロッパ独自のものであるというジョルジュ・ギュスドルフやフィリップ・ルジュンヌの見解(これはすでに通念、紋切り型の言い方となっている)を覆すもの。この場合、ピジョーさんは日記文学も自伝文学の範疇に入れている。ENS(高等師範学校)のベアトリス・ディディエ教授が来て質問までしてくれる。ピジョーさんもびっくりしている。久しぶりに会ったが品のいいおばあさんになっている。終わってからいつものとおりワイン・パーティー。一〇時にはすべて終わる。今日はコミテの非日本人レジダンがよく働いてくれた。

……**二月二四日(日)**

よい天気。朝日がまぶしい。一一時頃、モンスーリ公園を散歩。大勢の人が出ている。子供たちが砂場で遊んでいる。桜、桃、梅の類、レンギョウ、木瓜が咲いている。マグノリア(木蓮)も白い小さな花をつけている。黄水仙がたくさん花を開いている。まさに春だ。

　午後、ずっと引き継ぎ資料作成。どんどん書ける。館長室の資料も片付けた。

　午後三時から、ドイツ館の日本人レジダンS君の博士論文公開審査(四月一一日)に向けた模擬審査がサロンで。六時まで三時間聞く。本番の審査の形式に則って最初にS君が論文の趣旨を述べ、哲学専攻のレジダン四人が審査員役で、一人ずつコメントを言う。すべてフランス語で進行。最後に館長が意見を求められ、閉会の辞みたいな形で挨拶した。これもフランス語。終わって簡単なワイン・パーティー。

……二月二五日 月

朝一〇時半、ストーカーの加害者と名指された男子レジダンを館長室に呼んで昼まで事情聴取。逐一詳細に聞く。被害を訴えている女子レジダンの言い分とかなり違う。

午後三時半から再び同じ男子レジダンから事情聴取。五時まで。延べ三時間の事情聴取でわかったのは、今回の事件は訴えた側が言うようないわゆるハラスメントやストーカー行為と見なすのはどうやら難しいということ。訴えられたほうにも確かに問題はあるが、訴えた女子レジダンのほうにはもっとたくさん問題がありそうな印象を受ける。

こんな言い方をしては気の毒かもしれないが、厳しい見方をすれば、そもそも訴えた学生は日仏共同博士課程（コレージュ・ドクトラル・フランコ・ジャポネ）の奨学生として留学していながらフランス語がほとんどできない。フランスの指導教授からはゼミに出るより、まず語学学校に行くようにと申し渡されたとも聞いた。日本館に来る前にいたホームステイ先でもトラブルがあったらしい。その他にもいろいろ問題を抱えていたということだ。だからこうした学生を日仏共同博士課程の留学生に推薦した大学にも大いに問題がありそうだ。

日仏共同博士課程は、僕の知る限り、フランス政府留学生試験のように一律のコンクールで派遣留学生が決まるのでなく、コンソーシアム加盟大学の学内選考で決まる。各大学は推薦順位をつけてコンソーシアム事務局に推薦し、事務局ではほぼ自動的に各大学均等に一名または二名を留学生として決定する。したがって、学力的にばらつきがあり、中には水準に達しない院生もうっかり留学して来かねない。大学によってはいい加減に留学をさせてしまうことにもなる。安易な留学制度となりかねない。

今回の被害を訴えた学生の場合―あくまで調査内容が事実ならの話ではあるが―もともと留学する資格というか、それだけの力がなかった学生なのではないだろうかとの疑念を消し難い。ゼミにも出ない、指導教授とコンタクトもとれない、図書館にも行かない、しかも一二月半ば過ぎからひと月も日本に一時帰国している。これでは何しにフランスまで来たのかわからない。このような学生を日本館に推薦してきた日本の指導教授も問題だし、この教授の推薦状を信用して入館を認めた日本館もある意味では被害者だろう。ところが、当の学生は館長の僕に訴えただけでは満足せず、日本の指導教授にも訴えている。それでこの教授から横槍のようなメールが届いた。

自分の学生を事件の被害者と単純に思い込んだ教授は、もちろん学生かわいさのあまりのことであろうが、〈被害者〉を守るために即刻〈加害者〉を接見禁止処分にしろと要求する。一方的な訴えだけでどうしてこんな断定的なことが言えるものかと驚いた。館長に訴えて善処を要望し館長がそれを受理して調査中であるのだから、館長を信頼して調査の結果を待つようにと学生をたしなめ指導するのが普通であろう。ところがこの教授は居丈高に館長を指図するような態度である。その上、自分は所属の大学院研究科長の承認を得てメールを書いているのだから、これは大学院研究科全体の意思だと思ってもらいたい、と日本館館長に対して脅迫めいたことまで付け加えている。そもそも先生はほんとに留学するにふさわしい学生を送り込んだのですかと、問い返してやりたい。それほど腹立たしい思いがする。

……二月二七日 水

曇り、日本館の庭園の桜がさらに二本、花を開く。なま暖かい。朝一〇時から二時間、訴えてきたレジダンから事情聴取。三時からまた同じ女子学生に事情聴取。一時間。疲れる。

午後四時半、グラシエール街に花を買いに出る。夜、ソルボンヌのメローニオ夫妻宅に呼ばれているので、赤いバラを一〇本、包んでもらう。戻ってしばらく休む。七時半、車で出かける。メローニオさん宅はユネスコのすぐそば。スュレーヌ街から脇にちょっと入ったところ。八時一〇分過ぎに着く。

メローニオ家の中はサロンと言わずオフィスと言わず至るところに絵とアフリカのお面や彫刻や布など美術品が飾ってある。ちょっとしたブランリー美術館だ。夫のフランソワがポリテクニック（理工科学校）出の建築家で、アフリカ趣味があるため。彼自身も絵を描く。オーストラリアのアボリジニの絵も何点かある。他の客はソルボンヌの教授二人にその奥さん。奥さんの一人はアメリカ人で、アメリカで教授をしていた（ルセルクルの奥さん）。もう一人はデザイナーで上品な人（こちらは、ミッシェルの奥さん、フランス人）。食事は冷たいポテトのスープ、仔牛のロースト（ピスターシュやオリーブを肉の間に突き刺してある）、付け合わせはジャガイモと人参、それにグリーンサラダ、チーズ四種類、デザートは苺とフランボワーズ（木苺）。

お皿もあまり代えず、料理も入れ物を回して銘々取る、ワインも回して勝手に自分で注ぐ、簡素な打ち解けた食事。それもそのはず、彼らは同僚でよく知っている友人同士だ。話題は政治の話、区長選挙の話、映画の話、日本の話題も当然たくさん出る。小説のこと、日本館の催しのこと。フランスの国文学者たちだから、あまり外国に興味はないのかと思ったらそうでもない。みな、一度は日本に行っている。一一時半、全員が失礼する。

二月二八日 (木)

二宮正之先生の講演会のため、夕方六時から会場準備。人が集まらないかと心配したが、結局五〇人近い盛況となる。日仏交流一五〇周年を記念する連続講演「日本館と私」の第一回である。

七時四〇分頃から始めてちょうど一時間で話は終わる。エネルギッシュに昔の日本館のことを語ってくれた（フランス語）。最初に僕がフランス語で挨拶。最後は質疑応答。話は、一九六五年に二宮さんがパリに着く以前の二人の先輩の話（日本美術史の秋山光和さんと哲学者の森有正さん）、そして彼自身の話。僕が二宮さんと一緒に、亡くなった日本学の偉い先生宅に蔵書をもらいに行ったときのエピソードも披露してくれた。一〇時半頃お開き。ピジョーさんも来てくれる。

二月二九日 (金)

小雨。朝一〇時頃、シテ内を散歩。

コロンビア解放軍に六年前からつかまっていた元上院議員ら四名が新たに解放されたというニュースが昨日流れる。彼らの話から、ベタンクールが重い病気にかかっていることが繰り返しニュースで放送される。B型肝炎らしい。エパティット（hépatite）Bと言うそうだ。

三月

三月二日 日

午後一時前、車で外出。バスチーユのオペラ劇場へ。ヴェルディの『ルイザ・ミラー』。初めて見る。一八四九年の初演だそうだ。演出も歌手陣もオケもよかった。チロル地方の味を出した美しい舞台。遠景に森と小高い山が見えている。彩りが綺麗だ。ルイザ役のアンナ・マリア・マルチネス、だんだんよくなる。三幕になると素晴らしかった。ロドルフォ役のラモン・バルガスもとってもよい。父親役もよい。指揮はマッシモ・ザネッティという若い人。

三月三日 月

風が強い。肌寒い。朝のうち、小雨。午後から晴れる。雲が早いスピードで飛んでいく。夕方四時、モンパルナスのフナックへ。三月三一日締め切りでもうひとつ書評を書いてほしいと読売の松本良一記者からメールが来たので、本を三冊購入。エレーヌ・ベールの『日記』（ユダヤ人で、強制収用されたソルボンヌの女子学生の日記、Hélène Berr, *Journal*）、タハール・ベン・ジェルーン『母について』（小説、Tahar Ben Jelloun, *Sur ma mère*）、アカデミー・フランセーズのエリク・オルセンナの『シャルル・カンのシャンソン』（小説、Erik Orsenna, *La Chanson de Charles Quint*）。さて、どれにするか。

夜七時から大サロンで、書道展の一環として、イナルコ教授で一月からフランス日本研究学会の会長になったヴィエイヤール・バロンの講演「藤原の定家と百人一首の成立」。聴衆約三五名。終わってワイン・パーティー。こぢんまりしたよい会だった。

三月四日 火

冬が戻った。朝のうち小雨。午後から青空。

ただし、風が強い。

七時過ぎ、RERのB線とメトロ七号線を乗り継いで、コメディー・フランセーズへ。八時半からモリエール『ミザントロープ（人間嫌い）』（*Le Misanthrope*）を観る。これまで観たどの『ミザントロープ』よりも面白い出来だった。俳優に知っている人は一人もいない。リセの生徒たちが大勢来ていて賑やかな観客席だ。満席。幕間を入れて三時間、終わったのは一一時四〇分頃。

………**三月五日** 水

朝から珍しく晴れ上がっている。ただし、風が強く冷たい。

夕方、一五区ラクルテル街のジャクリーヌ・ピジョーさん宅へ招待。七時に来いというので七時ちょうどに行く。車は幸いヴォージラール街に停められる。

七階のテラスからはエッフェル塔やアンヴァリッド（廃兵院）がよく見える。書斎兼サロンのようなところでアペリティフにひとしきりウイスキーを飲んでから食事。小さなテーブルに中井珠子さんと僕とピジョーさんの三人。スフレ（泡立てた卵白を焼いた料理）を前菜にして、ワインはロワールのピュイイー・ヒュメ。それから仔牛のプラム添え。チーズ。ずっと白ワイン。一一時近くまで歓談。フランスの中国学者と日本学者の違いなど。中国学者は謹厳で面白くない人が多い、日本学者はみなサンパチック（感じがいい）。父親がアカデミー・フランセーズ会員、娘がコレージュ・ド・フランスの教授という親子の中国学者の話（François Cheng と Anne Cheng）。フランソワ・ジュリアン（中国学者）がどうしてコレージュ・ド・フランスの教授になれなかったか。変人で、みんなから嫌われていたから。珠子さんを五区のダンテ街のマルチーヌ宅まで送っていく。ヴォージラール街をひたすら真っ直ぐ行けばいいのだから楽。

………三月九日 日

夕方まで、書評原稿を書く。エレーヌ・ベールの『日記』は、ドイツ軍占領下のパリの日常を淡々と描いているが、ユダヤ人であるがゆえに迫害される恐怖、怯え、焦燥、憤りがひしひしと伝わってくる。

最後の館長会議

………三月一一日 火

朝から小雨。天気悪い。

夕方五時半から七時半まで、国際館で館長会議。僕にとって最後の館長会議。冒頭のフィリップ・ビゴの挨拶の途中で、突然みんなが僕のほうを見た気がしたので、僕の帰国のことが話題になっていることに気づく。下を向いて前回の議事録を読んでいたので最初気づかなかった。ビゴはいずれ送別会をやるようなことを言っていた。立ち上がって、発言してもよいかと許可を求めて、お別れの挨拶をごく簡単にする。盛大な拍手をもらう。

最後までいて、帰ろうとしたらノルウェー館の館長ブリンヒルドが扉を出たところで待っている。ノルウェー館にノルウェー料理を食べに来ないかという。送別会をやってくれるということだ。ほとんど連日埋まっていたが、一四日の社会学セミナーのあとの会食は欠席することにして、一四日夜八時を約束する。ご近所の館長たちに声をかけるという。彼女は一八日から二七日までノルウェーに帰るのだそうだ。

……… 三月一四日 金

午後八時、ノルウェー館へ。ブリンヒルトの招待。ノルウェー館のプールセン夫妻（カールとジャニーヌ、奥さんはフランス人）、スウェーデン館のレナートソン夫妻（館長は奥さんのヴィヴィ・アンヌ、夫はサッカーのトレーナーだったとか）、イギリス館のオジェ夫妻（フレデリックと奥さん、奥さんは三月末から京都に行くそうだ）。全部で九名。これをブリンヒルト一人で招待したのだからたいへんだ。

前菜は鮭の生っぽい燻製、それにいろいろなもの（アボカドとか生クリームとか、偽キャビア二種類とか）が組み合わされている。とても美味。メインは珍しいものを食べる。トナカイの肉。ぱさぱさ。冷凍を買ってきたらしい。それを、きのこと生クリームで味付けしている。付け合わせはジャガイモを皮付きで丸々茹でたもの。おいしい。サラダ、デザート、アペリティフ、ワインはアルザスの白、赤はボルドー（銘柄わからず）、それにブルゴーニュのジュヴレ・シャンベルタン。ディジェスティフ（食後酒）もノルウェーの珍しいとろっとした酒。ワイン以外はノルウェー尽くし。

一二時少し前に帰る。疲れてぶっ倒れそう。

日本館に戻るとクリスチアーヌ（ドイツ館館長）のメモがアパルトマンの扉に貼り付けてある。電話を寄越せとある。夕食に招待したいが、日曜は空いているか、とも。わざわざ日本館まで来たと見える。連日約束が入っているので、難しい。どうしたものか。

……… 三月一五日 土

夕方から嵐となる。

午後八時、管理棟内のシルヴィアンヌ・タルソ・ジルリ事務総長宅に招待。シテの中だが、雨が強いので車で出かける。管理棟の真ん中の入口から四階に上がれといわれていたのだが、コード（暗証番号）がうまく行かない。一度日本館に戻ってパソコンでシルヴィアンヌからのメールでコードを再確認。最後に＊をつけるのを忘れている。

八時の約束が二〇分以上遅れて、恐縮して入っていったら、まだ他の客は一人もいない。ここはフランス、遅れるのが礼儀なのだ。それにしても、こんな管理棟の上のほうにプライベートな自宅をもらっているとは、まったく知らなかった。管理棟で簡単な夕食会をやるというので、事務室に仕出屋から何か取るのかと思った。それで、花も何も持参しなかった。恥ずかしい。そのうち友人という男性二名が登場。タルソ・ジルリ夫妻（シルヴィアンヌとブノワ）のごく親しい友達らしい（その証拠に、テーブルに座って食事の最中、二人のうちの一人が席を立ってサロンにタバコを吸いに行った）。もう一人はベルギー人の医者。二人とも礼儀正しくおとなしい。しかも日本にものすごく興味を持っている。行ったこともあるとのこと。

シャンパンのアペリティフのあと、別室（がらんと広い）の食卓へ。前菜はフォワグラ、メインはステーキ、ボルドーの赤を続けて飲む。チーズ四種類にデザート。最後はコーヒーがいいか、アンフュジオンがいいか、と聞かれる。アンフュジオンというのは、煎じ茶のこと。菩提樹の葉などを煎じたもの。いろんな種類があるが、コーヒーだと眠れなくなるのでこっちのほうがいいというフランス人が多い。シンプルだがおいしくて洗練された食事。ワインにもずいぶん気を使っている。ずっとサン・ジュリアンで通す。本の話、映画の話、絵画、建築の話と、インテリの話題で盛り上がる。一一時半に退散。雨が上がっている。

……………三月一六日㊐

夕方四時からカミュの研究発表を聞く。仏文院生のAさんとI君。カミュにおけるノスタルジーの概念、それからカミュとハイデガーの影響関係（カミュの「不条理の感覚」と「不安」概念を対比）。どちらもとても面白い考察である。五月に日本で学会発表がありその準備のための発表なので、二人とも日本語。七時まで質疑応答（これも日本語）が続いて、そのあと、ワイン・パーティー。一四日に来た吉川にも出てもらう。

八時にドイツ館へ。館長のクリスチアーヌの招待。スイス館館長ヤスミーヌ、メキシコ館館長マルヴェル、それにポーランド人のアンヌという名の友人。この人はシアンスポを出てポーランドとパリを行ったり来たりしているらしい。

シャンパンのアペリティフ、食卓に移って、前菜はフォワグラ。次はヴォー（仔牛）。サラダにデザート。アンフュジオンまたはコーヒー。途中で地方選挙の第二回投票結果が気になって、アンヌとクリスチアーヌの夫のミシェルはテレビを見に退席。客を呼んで途中でテレビとは珍しい。選挙の話で盛り上がる。話題は多岐にわたり、シテの噂話から日本の食事のことまで、あちこちに飛ぶ。映画や本のことは出ない。三名の館長、クリスチアーヌ、ヤスミーヌ、そしてマルヴェル（いずれも女性）が、先日の館長会議における僕の挨拶に感動した、と言ってくれる。とてもよかった、じんときた、と。予期しないことだった。これには正直、嬉しい。一一時半、眠くなったので先に失礼する。選挙は左派の大勝。ただし、パリの区長選で右派は二〇区中八区を死守する。

送別会は続く

……三月一七日（月）

曇り、小雨。寒い。一日、館内トラブルの報告書作り。夜八時過ぎ、エルネスト宅へ（ヴィクトル・リヨン館）。白アスパラとサラダ菜、魚のグリエ（鱸と鯛）、仔牛、チーズ（なんと一二種類！）。お別れの晩餐。一一時半頃まで。雨の中を帰る。

……三月一九日（水）

夜、小雨の中、大使公邸へ。午後八時から僕のために大使がお別れの晩餐会を用意してくれた。パリ日本文化会館の岡眞理子副館長のお別れ会も兼ねる。総勢一八名。カブを煮た前菜のあと、鯛のお吸い物、鮪とヒラメの刺身、サンピエール（魚の名前）の焼き物、海老と大葉の天婦羅、きのこご飯、フルーツ（マンゴーと苺）。日本酒（浦霞）、白ワインはシャッサーニュ・モンラシェ〈マルジョ〉二〇〇一年、赤はサン・ジュリアンのシャトー・ラグランジュ一九九五年。ド・ラ・ゲロニエール若伯爵夫妻（アントワーヌとエレーヌ）に久しぶりに会う。ナタリーと小沢君にも。マルクとカチーアにも。それからイリスカ夫妻。中川夫妻、岡さん、山田公使、小林大使秘書。冒頭に大使から労をねぎらう挨拶（フランス語）。デザートにかかった頃に大使が鈴を鳴らして座を静め、今度は僕と、次いで岡さんが立って挨拶（いずれもフランス語）。一一時過ぎに失礼する。

……三月二〇日（木）

午後四時一五分にオッシュ大通りの大使館

へ。待っている大使館の車がなかなか到着しない。同、四五分、女性派遣員（関西の大学院生で、派遣員という身分で大使館で研修をしている人）と一緒にロワシーへ。西永次期館長の乗ったエール・フランス二七六便は予定より三〇分早く、五時に到着。到着場所も変更となり、第二タワービルのEで待つ。西永さんは八〇キロの荷物を抱えて五時四〇分頃に出てくる。オデオン座近くのホテルに着いたのは、六時半過ぎ。北山書記官が待っている。いったん日本館に戻り、七時半、吉川を誘って車でギリシア料理店マヴロマチスへ。ジョルジュ・ムスタキもよく来るという店。家内と長女も一緒。途中猛烈に眠くなる。このところ、朝六時頃には目が覚めて片付けの毎日。おいしく食べて一一時頃帰館。ペロポネソス半島の赤ワインを飲んだ。帰り際、ものすごい突風。幸い、店のすぐ近くの入口から地下駐車場に下りられるので、助かった。

……三月二二日 ㊏

午後六時からの「日本学の現在」の講演会の準備を手伝う。六時、講師のイナルコ教授エマニュエル・ロズラン来館。六時二〇分頃から始めて、ロズランの話がなかなか終わらない。七時四〇分頃、やっと終了。それから八時過ぎまで質疑応答。「今日のフランスにおける日本研究の課題は何か？」という大きなテーマの講演の中でロズランが指摘したのは、フランスの知的エリートに影響を及ぼすような著作を日本研究者は出すべきだということ。また、辞書もきちんとしたのを作る必要がある、日本語教育と日本研究を同じ人が行うのはよくない、などなど。わかり易いフランス語で、講演というより、談話のような話し方。熱がこもっている。聴衆は二五名と少なかったが、雰囲気はとてもよい。

……………三月二三日 (日)

復活祭にふさわしい春らしい晴天、華やいだ雰囲気。街には人がたくさん出ている。寒さも和らぐ。

午後七時から、レジダンが一階大サロンで館長歓送会を開いてくれる。音楽家のレジダンM君と友人たちによるフルートとクラリネットとピアノのコンサートで幕が開く。作曲を勉強しているレジダンのD君が僕のために作曲してくれたフルートとピアノのためのラプソディーが最後に演奏され、客席にいたD君も舞台に引っ張り出される。そのあと、会場を三〇分ほどかけて片付けてから、立食パーティー。

ドイツ館にいるT君が司会。最初に僕の挨拶。続いて乾杯。いずれもフランス語。料理は持ち寄り。F君が握り寿司とちらし寿司を作ってくれる。パーティー最中に、Nさん、Oさんたちの寸劇。「オー・シャンゼリゼ」に合わせて踊ったり歌ったり。僕もその輪の中に引き出されて、カーテンコール。新館長の西永さんの紹介も行う。

スカイプのテレビ電話はなかなか接続がうまく行かない。モデムを何度か換えてやっとつながる。前コミテ委員長で現在九州博多に在住のN君が二時間ほどもパソコンの前で待っていたらしい。日本は朝の七時頃だ。フランス語で長い挨拶を送ってくれる。僕もこちらからフランス語で返事する。

最後に記念品贈呈。D君がラプソディーの楽譜をくれる。二年間の在任中の日本館での思い出を綴った写真集とレジダンの寄せ書きも。ずいぶん手間のかかったことだろう。心のこもった送別会である。吉川一義、酒井健、西海真樹、柏木加代子、鈴豆腐の鈴木氏、など来てくれる。鈴木さんは豆腐を二〇丁差し入れてくれたばかりか、地下の台所でさまざまに調理して振舞ってくれる。焼き豆腐、湯豆腐、揚げ豆腐など。

……………三月二六日 水

晴れ。午前中、館長室で引き継ぎ。正午、元レジダンの根岸君も一緒に、スペイン館で昼を取る。

午後一時半からモンパルナスのヴァヴァンで映画。フローベールの小説を原作とした『純な心』(*Un cœur simple*)。サンドリーヌ・ボネール主演、悪くなかった。その後八区マティニョン大通りの吉井画廊でフランク淳子さんの個展へ。淳子さんともこれでお別れとなる。お嬢さんが来ている。

いったん日本館に戻り、七時からデンマーク館で館長倶楽部主宰の送別会。二二～二三名来てくれる。西永さんをみんなに紹介する。送別のしるしにプレイアード版の『アメリカにおけるデモクラシー』(Tocqueville, *La Démocratie en Amérique*)をもらう。

モンスーリ公園の銀杏に緑の芽が出ている。上野の桜は満開だそうだ。

……………三月二九日 土

晴れ上がる。出発を前に、お世話になったモンスーリ公園を一巡、ゆっくり歩いて回る。この公園で二年間、どれほど心が癒されたことだろう。朝一一時頃、西永氏来る。荷造りは最後まで続く。午後二時半、JETAA(元JET留学生の会)の催し物。イヴォンヌ・シューキット嬢らに挨拶。三時、大使館の車が到着。北山書記官、レジダン一〇名ほどが見送ってくれる。

ロワシーには四時着。荷物は心配するには及ばなかった。何も言われずにチェックイン。犬の料金だけ支払う。チェック・イン・カウンターで岡さんと出会う。大きな荷物を抱えている。免税手続きなどたいへんそうな様子。予定より遅れて六時半離陸、二年の任期を終えて一路帰国の途についた。

あとがき

本書に収録した日記は、私が館長に赴任して九カ月を経てから書き始めたものである。したがってパリに着いた二〇〇六年三月末から同年一二月までのことは日記には出てこない。しかしこの期間にもいくつか印象に残っていることがないわけではない。二〇〇五年六月に東京で三日間にわたってアレクシス・ド・トックヴィル生誕二〇〇年記念の国際シンポジウムが開かれたが、これに参加した日仏のトックヴィル学者やアメリカ研究者たち一〇名あまりを館長アパルトマンにお招きしたのは二〇〇六年九月の中旬のことであった。同シンポの立役者で友人の松本礼二・三浦信孝の両氏の協力を得て「トックヴィルのソワレ」と称してパーティーを開き旧交を温めたのである。一〇月には当時東北大学の客員教授をされていたイザベル・ジロドゥー氏をお招きして日本のフェミニズム運動の歴史についての講演会を開催した。またLIRE《リール・》 EN《アン・》 FETE《フェット》（読書週間）の一環として作家のフランソワ・ロー氏を招へいし、スイスの大旅行作家で『日本滞在記』などもあるニコラ・ブーヴィエに関する講演会を開催した。私事であるが六月初旬にはブルゴーニュの古都オータンを訪ねた。また一二月の中旬にはもう少し長めのヴァカンスらしきものを取っ

なった。

「はしがき」にも書いたとおり、日本館長の職務は多岐にわたったが、日記には出てこない期間も含めて、私の在任二年の間にもっとも力を入れた仕事と言えば、第一はやはり催し物や文化関連行事を間断なく企画することであった。コンサートや講演会からクリスマスパーティーや餅つき大会に至るまで、最初の年には四〇回を超える催しを行った。もちろんこれには準備に当たるコミテ（居住者委員会）とギャラなしでも喜んで出演してくださる演奏家などの方たちの協力が不可欠であったが、いずれも日本館のために快く手を貸してくださった。コミテのチームワークは殊のほか見事だった。

第二に、レジダン（居住者）たちの研究発表会を組織し運営したことである。サバチカルで日本館に長期滞在していたフランス演劇研究者の根岸徹郎氏のイニシアチブで二〇〇七年三月に始まったこの会は、パリ国際大学都市に住む多くの日本人レジダンの協力を得て次第に活発に行われるようになり、大学都市内外に滞在中の先生方にもコメンテーターや助言者として参加いただき、かなり定期的に開催された。そして同年九月には日本館多分野研究センター（CEM）を立ち上げ、論文集を刊行するまでに至った。レジダンの熱意の賜物である。

私が特に力を注いだ三番目の仕事は、日仏交流一五〇周年の記念行事に取り組んだことである。二〇〇八年はフランスと日本の間に日仏通商友好条約が締結されて一五〇年目に当たり、在仏大使館の肝いりでフランス全土の日本関係機関がこれを記念する企画を実施するよう要請があった。日本館ではこれに応えていくつか計画を立てたが、そのうち主なものは次の三つであった。ひとつは「フランスにおける日本学の現在」と題する連続講演会である。一月から一二月まで（ただし七・八月を除く）毎月第四土曜日に、フランス人の日本研究者を招いて講演していただくもので、二〇〇八年一月から無事にスタートした。ふたつ目は「私と日本館」と題する不定期の連続講演会で、これも二〇〇八年二月に第一回を開催して何とかスタートを切った。このふたつは在任中に私が企画し二〇〇八年の三月末まで責任を持って携わったが、四月からは後任の西永良成館長に引き継いでいただいた。講師への謝礼はなし、終わってから同じサロンでワインパーティーを開く、という条件だったが、講師の方々は皆快く引き受けてくださった。三つ目は日本館が所蔵し篠田勝英館長時代に修復が成った藤田嗣治画伯の大作『欧人渡来の図』と『馬』の二点を特別公開する企画で、これは一足早く二〇〇七年秋から二〇〇八年一月まで、パリ日本文化会館の後援を得て成功裡に開催された。

思い返せば以上の三つが私の館長時代のもっとも楽しく思い出深い仕事である。ただ、帰国間際になって日本館の財政状態が窮迫していることが突然判明して、私の任期最後の二カ月は悲惨な色彩を帯びた。これについては日記の中で仔細に触れた。最初にも書いたように、パリ国際大学都市日本館は立派な歴史と伝統のある、日本国民の世界に誇るべき貴重な財産である。現在のような危機的な状態が今後も続けば、日本政府が管理運営する非直轄館から、パリ大学が直接管理運営する直轄館へと移行せざるを得なくなる可能性も否定できない。政府や関係省庁が率先してその維持改善に当たるよう、とりわけ財政的な支援を強化されるよう、切に要望したい。

二年の間には実に多くの方々と知り合った。こうした仕事に就かなければ面識を得ることもなかっただろうと思われる方々も大勢いる。そうして、日仏の多くの知友からお宅に招かれ懇切なおもてなしを受けた。また多くの友人知人に館長アパルトマンへ来ていただき、貴重な歓談の時を過ごすことができた。日記にはそうした模様もすべて細かく書かれていたが、本書では紙数の関係で、残念ではあったがほとんどを割愛した。お世話になった方々にここで衷心より御礼を申し上げたい。特に在仏日本大使館文化部の一等書記官として文部科学省から出向して日本館を担当されていた北山浩士氏（現文化庁国際交流室長）にはたいへんお世話になった。北山さんにとっては単に職務上のことであったのかもしれないが、私には氏のご尽力はありがたかった。記して謝意を表したい。

パリのこの特別な二年間は、日本の大学教員をしていただけでは知り得ない世界を垣間見ることのできた、私にとってはまことに貴重な機会であった。このたびの長期出張を認めてくれた中央大学に対してあらためて感謝したい。

本書が日の目を見るに当たっては中央大学出版部担当副部長の大澤雅範氏と、編集を担当いただいた柴崎郁子氏にいろいろとご苦労をおかけした。心から御礼申し上げる。

装画・挿画は家内の橋浦道子の協力を得た。家内にもここで一言礼を言いたい。

最後に、名前はいちいち書かないが日本館で友達になった多くの若いレジダンの方たちにもありがとうと言いたい。彼らとの予期せぬ出会いは変化に乏しい私の人生の大きな悦びとなったのである。

二〇一〇年　八月一五日

永見文雄

《挿画一覧》

事項索引

▶数字は日記の年月日を示す

モノプリ　Monoprix
（チェーンのスーパーの名）…………… 182
モビレット　mobylette（ミニバイク）
……………………………………………… 182

[や-よ]

ユマニスト　humaniste
（〔ルネッサンス期の〕人文主義者）
……………………………………………148, 191

[ら—ろ]

ラ・マルセイエーズ　la Marseillaise
（フランス国歌）………………………… 104
ラングスチーヌ　langoustine
（手長海老）……………………………… 144
リセ　lycée
（高校〔フランスの中等教育第2段階の公立学校〕）……… 70, 91, 94, 95, 97, 103, 218
リセ・アンテルナショナル　Lycée International
（サン・ジェルマン・アン・レーにある国際リセ〔アメリカ，日本など11のセクションがある〕）…………………91, 92, 94, 97, 101
ルージェ　rouget
（ひめじ〔体の赤い海水魚〕）………168, 170
ルソン・イノギュラル　leçon inaugurale
（就任講義）………………………………… 58
ル・モンド　Le Monde
（硬派の日刊紙）
…………… 36, 53, 69, 180, 183, 192, 202
レアドミッション　réadmission
（再度在館・居住が認められること）… 101
レジダン　résident
（居住者 , 在館者）…………………… iii, 13, 31,37, 39–41, 45, 79–81, 84, 93, 94, 101, 102, 110, 127, 129, 132, 146, 151, 152, 155–159, 162, 170, 175, 179, 180, 186, 190, 192, 202, 205, 207, 208, 211, 212, 214, 225, 226, 230, 233
レセプション　réception
（パーティー）
……………………………………………………31, 52, 56, 57, 82, 109, 124, 125, 128, 136
ロージュ　loge
（ボックス席 , 桟敷席）…………………… 173
ロワイエ　loyer（家賃）……………121, 122
ロワシー　Roissy
（シャルル・ド・ゴール空港〔のある場所〕）
…………………………… 15, 142, 224, 227
ロン・ポワン　rond-point
（円形交差点 , ロータリー）…………………99

[わ]

ワゴン・リ　wagon-lit（個室寝台車）… 16

フーケ　Fouquet's
（シャンゼリゼにある有名なカフェの名）
……………………………… 187
プチ・パレ　Petit Palais
（パリの8区にある展示場）……………… 136
フナック　FNAC
（本やレコード，オーディオ製品などを売るチェーンストア）……………… 217
ブーフ・ブルギニオン　boef bourgignon
（赤ワインで煮込んだブルゴーニュ風ビーフシチュー）……………… 93
プラス・ディタリー　Place d'Italie
（〔パリ13区の〕イタリア広場）……………… 19
ブラッサージュ　brassage
（パリ国際大学都市の館同士が学生を交換すること）……………… 102, 156
フランス・アンフォ　France Info
（フランスのニュース専門のラジオ局名）
……………………………… 183
フランス2　France 2
（フランスのテレビ局名）
……………… 65, 68, 82, 180, 184
フランボワーズ　flamboise（木苺）… 214
プルミエ・クリュ　premier cru
（格付けされたワインの特級品）……… 147
プルミエ・バルコン　premier balcon
（〔劇場などの〕2階のバルコニー席）
……………………………… 10, 68, 81
プレザンス　présence
（存在，眼前）… 10, 59–63, 81, 89, 95, 187
プレジダン　président
（委員長・理事長・学長など）… 55, 147, 206
プレパ　prépa
（グランド・ゼコール受験特別クラス〔classe préparatoire の略〕）……………… 89
プロフィル　profil
（プロフィール〔ここでは，簡単な履歴書のこと〕）……………… 148
ペリフェリック　périphérique
（パリの外周環状自動車道路〔boulevard périphérique の略〕）……………… 52
ホスピタリティー　hospitality
（歓待，もてなし〔フランス語では hospitalité〕）……………… 29
ボナネ　bonne année
（〔挨拶で〕新年おめでとう）……………… 182
ポリテクニック　polytechnique
→エコール・ポリテクニック ……………… 214

［ま–も］

マグノリア　magnolia
（泰山木，木蓮）……………… 52, 211
マティニョン　Matignon
→オテル・マティニョン ……………… 72
マルシェ　marché
（市場，とくに青空朝市のこと）……… 3, 34, 55, 75, 79, 90, 107, 109, 133, 151, 171
マンション・トレ・ゾノラーブル
mention très honorable
（秀〔成績評価の最上位〕）……………… 153
メゾン　maison（家，館）……………… ii, 5
モケット　moquette
（〔部屋の床全体に敷き詰めた〕カーペット）
……………………………… 187, 195

65, 93, 118, 126, 149, 150, 155, 162
トリュッフ　truffe（西洋松露）……… 141
ドンジョン　donjon（〔城の〕主塔）… 106

[な-の]

ヌーヴェル・オプス　Le Nouvel Observateur
（フランスの左翼系週刊誌）…………… 202
ネオジャポニスム　néo-japonisme
（新日本趣味）……………………………… 187
ノルマリエンヌ　normarienne
（高等師範学校〔Ecole Normale Supérieure〕の女子学生）………………………… 88, 103, 196

[は-ほ]

バカロレア　baccalauréat
（大学入学資格〔試験〕）……87, 91–95, 101
バゲット　baguette（棒パン）………… 117
パサジェ　passager（一時滞在者）……… iv
バシュリエ　bachelier
（学士号取得者，学士）…………………… 96
バスチーユ　Bastille
（パリ4区・11区・12区にまたがる界隈〔昔は監獄があったが，現在は大きな広場となり，オペラ座がある〕）…………………………10, 19, 24, 54, 61, 67, 81, 174, 217
パリ・スコープ　Pariscope
（パリの映画・演劇・コンサートなどの週刊情報誌）……………………………… 185, 186
バルコン　balcon
（〔劇場などの2・3階の〕バルコニー席）… 19
パルム・アカデミック　palmes académiques
（教育功労章）…………………………… 158
パン・オ・ショコラ　pain au chocolat
（チョコレートパン）……………………… 44
パンテオン　Panthéon
（万神殿〔パリのパンテオンは，現在，国の偉人を合祀する霊廟〕）………… 15, 37, 48
ビストロ　bistro〔t〕（居酒屋）……… 126
ピヴォワンヌ　pivoine（牡丹）………… 75
ビオ　bio
（化学肥料を使わない自然農法のこと〔agriculture biologique の略〕）……… 88, 133
ビューロー　bureau
（ここでは，館長会議の執行部のこと）… 11
ビラング　bilingue
（バイリンガル，2カ国語を話す人）……5, 12
フィロゾフ　philosophe
（18世紀フランスの哲学者のこと）
………………………………………… 142, 191
フェット　fête（祝宴，パーティー）… 175
フェット・アミカル　fête amicale
（懇親会）…………………………………… 94
フォワイエ　foyer
（ここでは，日本館のレジダン用集会室のこと）……………………………………… 158
フォワグラ　foie gras
（肥育したガチョウや鴨のレバーペースト）
……………………… 53, 170, 196, 221, 222
フォンダシオン・ナショナル　Fondation Nationale
（パリ国際大学都市本部〔フランス財団〕のこと）………………………………………… 26

107, 110, 114, 141, 142, 145, 176, 223
ジャポニスム　japonisme
（日本趣味〔日本の美術・骨董などの愛好〕）
……63
シャポン・フェルミエ　chapon fermier
（食肉用に太らせた去勢した鶏）……171
シャンゼリゼ劇場　Théâtre des Champs-Elysées……10, 42
ジャンダルムリー　gendarmerie
（憲兵隊〔国防省管轄下の警察機構〕）……65
シャン・ド・マルス　Champ-de-Mars
（パリの旧練兵場で現在は公園となっている）……104
シュヴァリエ　chevalier（騎士勲章）…31
ジュネス　jeunesse（青春，青年）……183
ジュンヌ・プルミエ　jeune premier
（若い2枚目役の劇場俳優）……174
スクレテール・ジェネラル　secrétaire général
（事務局長）……175
スフレ　soufflé
（泡立てた卵白をふっくらと焼いて作る料理）……218
セキュリテ　sécurité
（ここでは，パリ国際大学都市の保安部門〔service de sécurité〕のこと）……151
ソーモン・フュメ　saumon fumé
（スモークサーモン）……196
ソルド　solde（バーゲン）……99
ソルボンヌ　Sorbonne
（パリ第4大学〔Université de Paris-Sorbonne〕の別称）……37, 38, 56, 57, 62, 145, 171, 197, 214, 217
ソワレ　soirée
（夜の集い，夜のパーティー）
……57, 127, 136
ソワレ・アミカル　soirée amicale
（懇親の夕べ）……39

[た-と]

タンパン　tympan
（教会などの扉の上の三角または半円の壁）
……72
ディジェスティフ　digestif
（食後酒）……133
ディプロム　diplôme（免状）……95, 96
テッラ・ロッソ　terra rosso（赤土）
……106
デフィレ　défilé
（行進〔ここでは軍隊の分列行進 défilé militaire のこと〕）……104
デレゲ・ジェネラル　délégué(e) général(e)
（パリ国際大学都市本部の事務総長のこと）
……8, 41
トゥッサン　Toussaint
（〔カトリックで〕諸聖人の祝日，万聖節）
……140
トゥール・ド・フランス　tour de France
（フランス一周自転車競技）……106
ドクトラン　doctorant
（博士論文準備中の博士課程の学生）……45
トラム　trame
（市街電車）……7,

（ハムとチーズをはさんで焼き，目玉焼きを乗せたサンドイッチ）……………………… 196
コード　code
（暗証番号〔code confidentiel のこと〕）… 221
コミテ　comité
（居住者委員会〔comité de résidents：コミテ・ド・レジダンの略〕）
……………………………………………13, 39, 41, 55, 85, 93, 94, 101, 110, 137, 138, 146, 188, 190, 193, 194, 200, 230
コメディー・フランセーズ　Comédie Française
（1680年創立の主に古典劇を上演する国立劇団）…………………………… 173–175, 218
コルヌイユ・マール　cornouille mâle
（さんしゅゆ〔植物〕）…………………… 203
コレージュ・ドクトラル　collège doctoral
（日仏共同博士課程〔日仏双方の大学の博士課程の学生に奨学金を与えて1年間相互に留学させる制度，collège doctoral franco-japonais の略〕）……………………………… 45, 212
コレージュ・ド・フランス　Collège de France
（パリ5区にある公開講座制の高等教育機関）
………………………… 38, 58, 62, 166, 218
コロニー・ド・ヴァカンス　colonie de vacances
（林間〔臨海〕学校〔市町村や企業などが福祉目的でヴァカンスの間子供たちを田舎の施設に預かる制度〕）………………………… 108
コンシェルジュ　concierge
（〔屋敷やマンションの〕管理人，門番）
…………………………………………………… 103

［さ–そ］

サバチカル　sabatical
（1年の研究休暇〔sabatical year の略，フランス語では année sabbatique〕）
………………………………… 103, 127, 230
サン・ジェルマン・アン・レー　Saint-Germain-en-Laye
（パリの西イヴリーヌ県の町）……… 91–94
サンパチック　sympathique
（感じがよい，という意味の形容詞）… 218
サンピエール　saint-pierre
（ニシマトウダイ〔マトウダイ科の食用海水魚〕）……………………………………… 223
シアンスポ　science Po
（政治学院〔グランド・ゼコールのひとつ，正式には，Institut d'études politiques と言う〕）
……………………………………………… 88, 222
シテ　Cité
（ここではパリ国際大学都市〔Cité Internationale Universitaire de Paris〕のこと）
…………………… 4, 5, 7–9, 11, 16, 19, 26, 33, 44, 46, 49, 58, 62, 66, 67, 74, 75, 79, 81, 87, 93, 94, 108, 128, 133, 134, 140, 146, 148–150, 159, 170, 181–183, 186, 189, 203, 207, 215, 220, 222
シテ・キュルテュール　Cité Culture
（パリ国際大学都市の文化部門）……… 108
シャトー　château
（城館）………………………………………22,

情報誌）…………………… 185, 186, 202
オペラ座　Opéra de Paris ……… 140, 167
オペラ・コミック座　Opéra comique
…………………………………………… 54
オマージュ　hommages
（敬意〔の表明〕）……………………… 25
オマール　homard
（ロブスター，オマールエビ）………… 170
オランジュリー　orangerie
（オレンジ園）………………………… 142
オランピア劇場　Olympia…… 59, 60, 63

［ か-こ ］

カーヴ　cave
（〔地下の〕酒蔵，ブドウ酒蔵）…… 73, 111
カクテル　cocktail
（カクテルパーティー）…… 147, 148, 158
カタルパ　catalpa
（アメリカきささげ〔植物〕）………… 82, 87
カナール　canard（鴨）………………… 170
カネット　canette（小鴨）……………… 113
ガリーグ　garrigue
（地中海沿岸地方の石灰質の荒地，あるいは灌木林）………………………………… 50
ガリゲット　garriguette
（ガリーグ産の苺のこと）……………… 50
カルヴァドス　calvados
（ノルマンディー産リンゴ酒を蒸留したヴランデー）……………………… 145, 176
カルティエ・ラタン　Quartier Latin
（セーヌ河左岸の学生街）…… 57, 103, 115
カンティーヌ　cantine
（〔学校や工場などの〕食堂）…………… 166
キオスク　kiosque
（〔新聞などの〕売店）…………………… 202
クスクス　couscous
（蒸した粗挽きの小麦に肉を添え，香辛料の効いた野菜スープをかけて食べる北アフリカの料理）……………… 115, 117, 181, 182
クー・ド・ヴァン　Coup de Vent
（フランス北部の都市リールを中心とした吹奏楽の振興団体で，国際吹奏楽作曲コンクールを主催している）……………………… 133
グランド・ヴォワ　grande voix
（偉大なる声）…………………………… 10
グランド・ギャラリー　Grande Galerie
（ルーヴル美術館の一番大きな陳列室）
…………………………………………… 3, 4
グランド・ゼコール　grandes écoles
（高等専門学校〔国立大学とは別に設けられた高等教育機関で通常入試を行って選抜するエリート校〕）………………… 89, 90, 128
グラン・パレ　Grand Palais
（パリの8区にある展覧会場）……… 149, 150
クレッシュ　crèche
（キリスト生誕場面の模型〔クリスマスに教会や家庭で飾る〕）……………………… 164
クレア　CLAIR
（自治体国際化協会のこと〔Council of Local Authorities for International Relations の略〕）
…………………………………… 102, 124
クロタン　crottin
（山羊の乳で作るチーズの一種）……… 196
クロック・マダム　croque-madame

（食前酒）…………………15, 93, 110, 116, 118, 133, 168, 207, 218, 220, 222
アボカド　avocat …………………168, 220
アミューズ・グール　amuse-gueule
（〔食事の際の〕おつまみ，突き出し）… 170
アルシテクテュール　architecture
（見取り図，全体図）……………………… 26
アルティッショー　artichaut
（アーティチョーク，朝鮮アザミ）……… 75
アンヴァリッド　les Invalides [l'hôtel des Invalides]
（廃兵院〔パリの7区にあり，ナポレオンの墓がある〕）……………………………159, 218
アンシャン・ブルシエ　ancien boursier
（旧奨学生〔ここでは，旧フランスまたは日本政府の給費留学生のこと〕）…………… 35
アンシャン・レジダン　ancien résident
（旧居住者）……………………………… 157
アンパース　impasse
（袋小路，行き止まりの道）……………… 83
アンフュジオン　infusion
（ハーブティー）……………………221, 222
アンブラスマン　embrassement
（抱擁と接吻）……………………… 97, 182
イナルコ　→ INALCO …………………30, 41, 44, 89, 99, 100, 102, 206, 217, 224
ヴァン・ジョーヌ　vin jaune
（黄ぶどう酒〔ジュラ地方特産の白ワイン〕）
…………………………………………………… 56
ヴァン・ムスー　vin mousseux
（発泡性白ワイン）……………………… 175
ヴェルニッサージュ　vernissage
（絵画展などのオープニング・パーティー）
…………………………………………………… 149
ヴォー　veau（仔牛）…………………… 222
エクスポゼ　exposé（〔研究〕発表）…… 92
エクルヴィス　écrvisse（ザリガニ）
…………………………………………118, 119
エコール・サントラル　Ecole centrale
（理工系のグランド・ゼコールのひとつ）
…………………………………………………… 88
エコール・デ・ミーヌ　Ecole des mines
（国立高等鉱業学校〔グランド・ゼコールのひとつ〕）……………………………… 128
エコール・ノルマル　Ecole normale
（エコール・ノルマル・シュペリュール〔Ecole normale supérieure〕の略→ ENS）… 90, 193
エコール・ポリテクニック　Ecole polytechnique
（理工科大学〔パリ南郊にある理系グランド・ゼコールのひとつ，国防省付属の超エリート校〕）……………………35, 48, 87, 90, 163
エスパス・スュッド　Espace Sud
（パリ国際大学都市の中にある運動施設名）
…………………………………………………… 79
エナ　ENA
（国立行政学院〔高級官僚養成のための高等教育機関〕）…………………………………… 74
エパティット　hépatite（肝炎）……… 215
オテル・マティニョン　Hôtel Matignon
（首相官邸〔パリの7区にある〕）………… 31
オフィシエル・デ・スペクタークル Officiel des spectacles
（パリの映画・演劇・コンサートなどの週刊

索　引

[A-W]

APO（大学都市のアドミッション部門）…… 45
BNF（フランス国立図書館）………………… 76
CDD（一時的労働契約）………………… 132
CDI（期限無限定の雇用契約）…………… 132
CEM（〔日本館内の〕多分野研究センター）
……………………………110, 126, 133, 230
CNRS（フランス国立学術センター）…… 135
EHESS（社会科学高等研究院）……… 55, 99
ENS（高等師範学校〔文学・哲学・歴史学などを教える文系グランド・ゼコールの最高峰〕）
……………………………………………… 211
FARC（コロンビア解放軍〔コロンビアの左翼ゲリラ組織〕）……………… 180, 183, 184
FN（国民戦線〔フランスの極右政党〕）
…………………………………………… 65, 83
INALCO（国立東洋言語文明学院）… 35, 40
JET（地方で外国語教育や国際交流に従事する外国青年を招致する事業〔JET は The Japan Exchange and Teaching の略〕）
………………………………… 102, 209, 226
JETAA（旧 JET プログラム留学生）…… 226
LCR（革命的共産主義者同盟〔トロツキストの極左政党〕）…………………………………… 34
LIRE EN FETE（読書祭・読書週間）
………………………………… 135, 182, 229
PS（社会党）……………………………… 33, 83
RER（首都圏高速鉄道網）…………………… 5, 19, 56, 83, 88, 91–93, 134, 149, 150, 153, 167, 197, 218
TF1（フランスのテレビ局名）………… 65, 68
UDF（フランス民主連合〔中道政党〕）…… 33
UE（ヨーロッパ連合）…………………… 104
UMP（民衆運動連合〔サルコジ大統領の与党〕）
…………………………………………… 36, 83

[あ-お]

アカデミッシャン　académitcien
（アカデミー会員）………………… 163, 197
アカデミー・フランセーズ　Académie Française
（フランス学士院〔17世紀にフランス語の純化を目的に創立された機関で，文学者を中心に40名の終身会員からなる〕）………… 218
アグレジェ　agrégé
（教授資格所有者）……………………… 103
アサンスィオン　ascension
（主の昇天の祝日〔復活祭から40日目〕）… 70
アドミッション　admission
（ここでは，パリ国際大学都市への入居を認めること）………………… 11, 45, 101, 203
アパルトマン　appartement
（集合住宅の中で複数の部屋からなる一居住区画）…………………… ii–iv, 4, 21, 38, 54, 80, 113, 143, 152, 153, 155, 194, 220
アブリコ　abricot（杏子）…………… 75, 90
アペリティフ　apéritif

永見文雄（ながみ　ふみお）

中央大学文学部教授、元パリ国際大学都市日本館館長。
著書：『ジャン＝ジャック・ルソー：自己充足の哲学』
（近刊予定）ほか。
訳書：J＝J・ルソー『ポーランド統治論』（白水社、
1979年）ほか。

菩提樹の香り —— パリ日本館の15カ月

2010年11月11日　初版第1刷発行

著　者　永見文雄
発行者　玉造竹彦
発行所　中央大学出版部
東京都八王子市東中野742-1　〒192-0393
電話 042(674)2351　FAX 042(674)2354
http://www2.chuo-u.ac.jp/up/

装　幀　松田行正
装画・挿画　橋浦道子
印刷・製本　藤原印刷株式会社

ISBN978-4-8057-5226-5